# ¡Doctor!
# Mi hijo no quiere comer

**Miguel Antonio
Vargas García**

© 2020, Coyright, Primera Edición
¡Doctor! Mi hijo no quiere comer.
ISBN: 978-958-48-9294-2
ISBN (Ebook): 978-1-71685-000-4

Contacto con el editor: mvargas1@unimetro.edu.co
Adaptación y diseño de portada y contraportada: Jose Eusse Solano

Cada capítulo de este libro es un producto de reflexión desarrollado por su(s) autor(es), a partir de investigaciones clínicas y académicas.

Reservados todos los derechos. Salvo excepción prevista por la ley, no se permite la reproducción total o parcial de esta obra, ni su incorporación a un sistema informático, ni su transmisión en cualquier forma o por cualquier medio (electrónico, mecánico, fotocopia, grabación u otros) sin autorización previa y por escrito de los titulares del copyright.
La infracción de dichos derechos conlleva sanciones legales y puede constituir un delito contra la propiedad intelectual.

Diríjase directamente a los Autores en caso de necesitar extraer, fotocopiar o escanear algún fragmento de esta obra.

## Nota del autor:

Este es un documento dirigido a padres y terapeutas, sustentado en una perspectiva fonoaudiológica preventiva del proceso de desarrollo, enmarcado esencialmente en el acto de comer.

Sabemos que, como padres o terapeutas, preocupa no hacerlo bien, pero más preocupante sería no hacerlo. Los invito a dejar de lado lo habitual, lo fácil, para comprender un poco la dinámica y el engranaje de una serie de sucesos tan comunes, pero que se ignoran como fundamentales en el crecimiento y en el desarrollo del infante.

Alejarnos de algunos factores predisponentes para el desencadenamiento de las disfunciones, puede incluso estar en nuestras manos.

A mis hijas, Anna Sofía y Sara Cattleya, quienes no sólo me han enseñado a ser padre, sino también a ser un mejor Fonoaudiólogo.

# Prólogo

El ser humano en la búsqueda de aceptación y cumplimiento de patrones sociales ha enmascarado las carencias afectivas y de interrelación con que se desarrollan las nuevas generaciones, llegando a influenciar procesos que, para generaciones anteriores, eran fundamentales en una crianza sana e integral y que hoy, quizá, han pasado a un segundo plano; el caso de compartir el espacio de afectividad desarrollado alrededor de la hora de comer es un ejemplo de ello.

Los padres al tratar de complacer situaciones de cualquier carácter dejan de lado factores decisivos para el modelamiento de patrones de alimentación que benefician desde todo punto de vista, principalmente emocional y físicamente, el desarrollo del infante.

El constante afán laboral, social y en algunos casos las presiones familiares que viven los padres actualmente pueden hacer que lo esencial de "vivir" se desdibuje y el deseo de aportar al crecimiento de sus hijos se vea coaccionado por la sencilla razón de no saber hacerlo, de no tener tiempo o de dejarse llevar por el llanto, perdiendo en algunos casos, incluso, la unidad familiar.

Por otro lado, el temor o la sobreprotección del padre, que lleva a un niño a un aislamiento total del mundo real, continúa coartando las acciones que aportan al desenvolvimiento y desarrollo de los infantes. Un ejemplo, podría ser el caso de la influencia publicitaria en la cual un niño o niña sin suciedades, sin manchas en su ropa, adecuadamente estilizada y siempre sonriente, rompe el esquema de las experiencias sensoriales que se le deben brindar a todo infante para un desarrollo óptimo a nivel sensorial que repercuta en la creación de esquemas cerebrales básicos para la adaptación al mundo.

Con esta obra, el autor hace un pasaje interesante y oportuno de los procesos que favorecen y fundamentan el desarrollo alrededor del acto de comer del infante en sus primeros 12 meses de vida, dilucidando desde su formación y experiencia profesional, puntos de relación entre los factores fenotípicos y genotípicos inherentes a la estructuración de patrones alimentarios, que estructuran las bases para su desempeño comunicativo y social.

El recorrido a través de los conceptos desarrollados permite al padre de familia, cuidador y/o terapeuta, realizar un proceso de identificación de factores determinantes en la caracterización del desarrollo secuencial y funcional de las estructuras de la región oral en el infante, su relación con el suministro de las diversas experiencias sensoriales ofertadas en consistencias, olores, sabores e implementos para el suministro del alimento, y la conformación de redes cerebrales y patrones de movimiento que favorezcan el desarrollo de las mismas desde una perspectiva integradora.

Es así como desde la perspectiva del autor, se visualiza la hora de comer como un proceso social con bases biológicas que moldean conductas que vislumbran la respuesta alrededor del ¡NO QUIERE COMER…! o ¿NO PUEDE COMER...?

**Paola Andrea Eusse Solano**
**Fonoaudióloga**

# Contenido

CAPÍTULO 1 ............................................................................15
¿No quiere o no puede comer? ..............................................15
  ¿**Por qué un niño no quiere comer?** ................................ 16
  ¿**Qué quiere decir?** ............................................................ 22
CAPÍTULO 2 ............................................................................26
El desarrollo de los procesos. ................................................27
CAPÍTULO 3 ............................................................................42
La influencia de los padres y el contexto. ............................43
CAPÍTULO 4 ............................................................................63
Una propuesta de estimulación y desarrollo a partir de la alimentación. ..........................................................................63
CAPÍTULO 5 ............................................................................80
Realmente, ¿mi niño no come? .............................................81
  **Claves para la buena alimentación en un niño** ............... 85
  **Grupos de alimentos para luego definir las porciones** .... 89
  **¿Cómo conocer la cantidad de alimentos a comer?** ........ 90
CAPÍTULO 6 ............................................................................94
Comer también es Hablar: una estrategia de estimulación. ................................................................................................95
CAPÍTULO 7 ............................................................................108
Chupón y biberón: mitos y realidades ...............................109
Alimentarse o no: cuando la dificultad está en el cuerpo. ................................................................................................125
  **BIBLIOGRAFÍA** ..................................................... 143

# CAPÍTULO 1

## ¿No quiere o no puede comer?

Miguel Antonio Vargas García[1]

La importancia de una visión preventiva es inminente. El mundo actual exige prever el inicio de diversas alteraciones que pueden comprometer la salud, y es nuestro deber hacerlo. Por ello quisiera fundamentar, junto a padres y terapeutas, algunas concepciones acerca del proceso secuencial en la alimentación de los infantes, con el secreto designio de que algún día la labor de padres y madres se vea facultada en cuanto al proceso de apoyo y seguimiento al desarrollo de la región oral y todos sus componentes funcionales.

---

[1] **Fonoaudiólogo.** Doctorado en Fonoaudiología. Magister en Educación. Especialista en Terapia Miofuncional. Experto en el manejo de los desórdenes miofuncionales y estomatognáticos. Fonoaudiólogo Clínico ACFEF. Investigador y Docente, Universidad Metropolitana. Email: mig.flgo@gmail.com

Para llevar a cabo esta tarea, es importante clarificar aspectos conceptuales acerca del sistema que vincula todo el proceso deglutorio, entendido como succionar, masticar y tragar. Además, de fundamentar aspectos preventivos que ayuden a padres y madres a fortalecer el proceso de acompañamiento y apoyo del desarrollo infantil, sobre todo cuando experimentan la crianza por primera vez.

Dentro del proceso de alimentación, desde la forma, es decir, desde el cómo comer y no el qué comer, dado que este último compete a profesionales de la nutrición, los fonoaudiólogos tenemos contemplado factores que se vinculan al no querer y al no poder.

## ¿Por qué un niño no quiere comer?

El no querer comer responderá a procesos conductuales o fisiológicos del sujeto o sencillamente a gustos y afinidades con el alimento o su forma de presentación. El hecho de buscar llenar o suplir vacíos en medio de la ausencia de figuras de autoridad en el desarrollo de diferentes actividades que involucran la acción de alimentarse, también es una posibilidad.

## Capítulo 1: ¿No quiere o no puede comer?

Ocasionalmente, los padres se preocupan demasiado por el alimento, cargando los espacios de comida con una tensa energía que proyecta a la alimentación un rechazo inminente por parte de los niños. Además, los padres tienden a omitir que la cavidad estomacal de un infante es relativamente pequeña y que el alimento que suple su requerimiento fisiológico de hambre es poco. Querer o pretender dar comida durante todo el día, o tetero repetidamente, no ayudará en las horas de la alimentación principal, por ello es indispensable empezar a estructurar horarios habituados y saber medir las porciones de alimento.

Por otro lado, el no querer comer necesita, más que un aspecto terapéutico, una postura de autoridad de los padres, una autoridad no restrictiva, ni violenta, pero que pueda negociar los hábitos que se adopten en la mesa, los cuales, se sugieren deben ser pactados con toda la familia (1), dado que después del amamantamiento, comer supone una conducta social que se aprende por imitación, por lo cual será indispensable que comer se haga en familia o con alguien a quien poder imitar (2). No hacerlo de esta forma acarrearía casos en donde el infante no sabe qué hacer con el alimento en la boca, juega, lo bota, lo escupe, lo chupa, pero finalmente no sabe qué hacer.

¡Claro! Su alimentación inicial era muy básica, solo chupaba del seno o del tetero y su boca se encargaba de hacerlo todo "automáticamente", ahora no. Entonces ¿a quién imita? si nadie come con él o ella.

Serían estos, casos típicos de niños que se alimentan sólo con líquidos, sopas y jugos, o papitas fritas, y sus padres, preocupados por su nutrición y por la necesidad de verlo comer, no les queda otra que acceder a sus pretensiones alimenticias, tornándose además en un error, dado que este tipo de alimentos no proporciona las acciones fenotípicas (estimulantes) para un correcto crecimiento y desarrollo de la región oral. Por ejemplo, factores de entrada sensorial oral y de construcción de movimientos maduros de la boca en alimentación se verían limitados.

## ¿Por qué un niño no puede comer?

Esto sería el factor que nos atañe como fonoaudiólogos y que se desarrollará en este libro, para

## Capítulo 1: ¿No quiere o no puede comer?

que usted, padre o terapeuta, pueda entender por qué es tan importante seguir un "paso a paso" que aporte de manera positiva acciones que permitan el crecimiento de la región oral.

Resulta que el sistema que comanda todos los aspectos de movimiento para la alimentación necesita de estímulos para crecer, desarrollarse y madurar (3); tres fenómenos que se materializan a partir de un proceso secuencial que, aunque nacemos facultados para hacerlo, es el contexto quien lo facilita. Es decir, aunque el niño nazca con todas sus habilidades sensoriales y motoras prestas para la ejecución de procesos estimulantes al crecimiento, al desarrollo y a la maduración, es el contexto, entendido como los padres o los cuidadores, los que facilitan los "medios" que estimulan positivamente.

Todo recién nacido es una máquina de aprendizaje; está biológicamente hecho para aprender. Escribir y reescribir todo tipo de acciones que permita su sobrevivencia. Por lo tanto, llega al mundo con un reflejo que le permite su alimentación, el reflejo de succión, sin embargo, si el contexto no lo pone a succionar, sencillamente la maduración de la acción de succión se tardará. Esto conlleva a que posteriores acciones, como la masticación, se vean retrasadas o damnificadas por problemas de fuerza o desarrollo (4).

Por lo tanto, en procesos de estimulación son los padres y cuidadores, en últimas el terapeuta, los encargados de facilitar actividades que estimulen el crecimiento, desarrollo y maduración de las estructuras que a nivel craneofacial intervienen en la alimentación; por ejemplo, el paladar, los labios, la lengua y estructuras óseas como el maxilar y la mandíbula, son componentes del sistema orofacial que crecen y se estimulan con un correcto acto de alimentación.

Para una ideal gestión anatómica y funcional de los procesos orales, el infante debe cumplir con aspectos de integración sensorial de los cuales muchas veces ha sido privado.

Un ejemplo contemporáneo de baja exposición sensorial estaría ligado a la acción de coartar la exploración que hacen los niños de su contexto, con la excusa de protegerlos o a veces de mantenerlos limpios. Seguramente la protección o sobreprotección que ejercen los padres en la actualidad, permiten el desenvolvimiento

## Capítulo 1: ¿No quiere o no puede comer?

de un sujeto no expuesto a riesgos, pero falto de experiencia sensorial, lo que se traduce en una limitación selectiva de sus próximas experiencias sensoriales.

Tenemos en este grupo a aquellos niños que lloran al ensuciarse de arena o de comida; que no toleran tocar descalzos el piso porque la sensación los atormenta; la playa, el césped o arenilla en el zapato, les da pavor. Rasgos propios de un sujeto al que le ha faltado experiencias sensoriales y que ha extendido su desconocimiento y rechazo sensorial a la alimentación, generando un rechazo y limitación oral a algunos factores de la alimentación (características organolépticas) como la textura, la consistencia, el sabor o la temperatura.

En consecuencia, la falta de exposición a factores estimulantes limitará al individuo de asociaciones de información sensorial, llevándolo a un desconocimiento de éstas y a su posterior rechazo.

La exploración de sensaciones corporales en segmentos gruesos y distales, como las manos y los pies, es el inicio de la aceptación de sensaciones generales que fomentan la constitución de esquemas modales a nivel cerebral que, al segmentarse y estimularse en zonas más finas del cuerpo, como la boca, se especializan de tal manera que se reconocen, se modulan, se aceptan y se integran como sensaciones especializadas que dan forma a procesos motores como el tragado, permitiendo que las acciones de crecimiento, desarrollo y maduración tengan un vasto rango de incentivos.

Debemos entender el concepto crecimiento como ese aumento de tamaño; aspecto dimensional que se establece naturalmente como condición biológica (aspecto genotípico), pero que se moldea y adapta a partir de los patrones de ejecución de los procesos orales (aspecto fenotípico).

## ¿Qué quiere decir?

Quiere decir que el **crecimiento** está mediado por la función; la ejecución de movimientos propios de una función oral, como la succión o la masticación, definirán las dimensiones de las estructuras que participan en ellas, como la mandíbula, el maxilar, los dientes, etc.

Por consiguiente, el crecimiento normal de las estructuras de cavidad oral, en ausencia de cualquier

## Capítulo 1: ¿No quiere o no puede comer?

condición genotípica adversa, se establecerá mediada por la ejecución normal de las funciones orales como succión, masticación y tragado; una acción contraria (anormal o atípica) producirá un desequilibrio estructural como el apiñamiento dentario, la boca abierta, el paladar alto y estrecho, entre otras repercusiones físicas y funcionales que deterioran el bienestar y la salud. Por lo tanto, favorecer la ejecución normal de los procesos orales se debe entender como un factor estimulante para el adecuado crecimiento de la región orofacial.

Ahora bien, debemos entender **desarrollo** como la formación y el fortalecimiento de los procesos orales. Esta fase es indispensable, dado que los procesos orales presentan un sistema de aparición en secuencia, es decir, aparece uno tras otro. Este fenómeno de ocurrencia responde a que un proceso oral es pre-recurrente a otro, pues el primero que es la succión, ordena y fortalece las estructuras para que el sujeto pueda ejecutar el segundo, que es la masticación.

**Es este el momento en donde el "no quiere o no puede comer" toma relevancia.**

Dado que los procesos son secuenciales, la formación equívoca de uno de ellos debilitará la aparición del subsiguiente. Lo que responde al no poder. Esta circunstancia llevaría al sistema a no poder llegar a la **maduración**, la cual debe entenderse como esa fase de especialización de la ejecución funcional.

En esencia y, en resumen, el "no poder" responde a factores de secuencialidad que no se han gestado de forma adecuada y que como resultado reflejan debilidad, inexperiencia o sencillamente ausencia del proceso oral subsecuente.

En este caso, el padre debe consultar al terapeuta, quien se encargará de direccionar las acciones pertinentes; activas, como trabajo de movimiento muscular, fuerza y resistencia, o pasivas, como la manipulación y adecuación de factores propios del proceso alimenticio, propias de la relación miofuncional en la que se encuentren los distintos procesos orales.

La función dinámica de los padres o cuidadores en el proceso de normalización será indispensable, dado que se definen como una figura "mediadora" que plantean

## Capítulo 1: ¿No quiere o no puede comer?

en el tipo de alimento que proporcionan, la exigencia funcional del proceso.

Es importante anotar que pueden existir sujetos en el "no poder comer" que presenten una serie de dificultades fisiológicas de integración sensorial, sin embargo, éstas causas estarán ligadas particularmente por alguna entidad clínica mayor. Su tratamiento es terapéutico y puede necesitar de un abordaje multidisciplinar.

# CAPÍTULO 2

## El desarrollo de los procesos.

Miguel Antonio Vargas García

El sistema, técnicamente denominado sistema estomatognático, es el encargado de la ejecución de los procesos orales, entendidos como funciones estomatognáticas (5).

Para gestar un análisis práctico del desarrollo de los procesos, dividiré éstos en neurovegetativos o innatos y aprendidos.

El primer grupo, los neurovegetativos, se llaman así por ser los que actúan inicialmente sin un control voluntario, es decir, que se ejecutan automáticamente sin ser controlados de forma consciente por el sujeto. Suponen un desarrollo innato, ya que naturalmente el sujeto los trae consigo al nacer.

Deben ser entendidos como respirar, succionar y deglutir o tragar, todas estas acciones indispensables para la supervivencia del recién nacido, no sólo por garantizar los procesos biológicos de crecimiento, sino también los aspectos fenotípicos del desarrollo.

El funcionamiento normal de estos procesos comanda acciones importantes de crecimiento en la región craneofacial y oral, ya que existe una relación directa entre la forma y la función.

La forma, entendida anatómicamente como la disposición estructural de las diferentes "piezas" que componen el macizo facial, que, en conjunto, serían las encargadas de realizar la función, que se determina como la acción, la cual moldea la forma en pro a las necesidades y adopciones o adaptaciones de movimiento.

La respiración, por ejemplo, faculta un equilibrio dimensional entre la cavidad oral y nasal, bajo un sistema de fuerzas que tiene como actores principales el flujo de aire en cavidad nasal - como fuerza descendente - y la acción muscular de la lengua en cavidad oral - como fuerza ascendente; juntos, comandan una de las acciones estimulantes de crecimiento del paladar.

Por esta razón, incentivar un proceso respiratorio normal es fundamental. En los infantes con procesos alérgicos o hipertróficos, de adenoides, amígdalas o

## Capítulo 2: El desarrollo de los procesos

cornetes, es indispensable una consulta inmediata para definir las conductas; esperar, desde cualquier punto de vista, fomentará factores inadecuados para el crecimiento, desarrollo y maduración del macizo facial (26).

Sin embargo, no es la respiración la que nos atañe, ya que la respiración como base funcional de los procesos orofaciales, mediada siempre por un factor motor mecanizado, solo se alterará, en inicio, por un desequilibrio funcional gestado en los otros procesos. La dinámica funcional de importancia en el momento del nacimiento es la que contempla la relación, necesariamente coordinada, entre la succión y deglución.

El patrón de succión-deglución surge alrededor de la semana 17 de gestación, durante la etapa intrauterina, por lo que todo niño al nacer debe ser un experto en su ejecución. Se debe complejizar sus movimientos una vez sea ejecutado el proceso con elementos externos como el seno o el biberón, y se madura por completo cuando la succión deja de ser refleja y se convierte en un patrón motor aprendido, alrededor de los 5 o 6 meses. Durante este tiempo, el sujeto en crecimiento generará estímulos que permitan una organización armónica de sus estructuras, a través de la ejecución de sus funciones.

El punto de inicio del crecimiento orofacial lo establece un movimiento armónico, coordinado y bilateral de la articulación temporo-mandibular (ATM), que se ejerce a partir de la ejecución de la succión (23). La ATM representa el único punto articular móvil del cráneo, se establece como una zona de alta recepción nerviosa que fomenta el crecimiento mandibular en largo, equilibrando una condición natural denominada distoclusión fisiológica. Esta característica de nacimiento de todo ser humano, que responde a la necesidad de un cráneo pequeño para poder salir por un estrecho canal vaginal, sugiere la composición anatómica de una mandíbula pequeña y retraída.

El primer objetivo del equilibrio estomatognático está en adelantar la mandíbula para un posicionamiento en línea con el maxilar superior. Este fenómeno funcional se establece a raíz de un movimiento de balanceo mandibular que cumple la boca en la succión. Se explica el balanceo como la movilización que hace el cóndilo de la mandíbula por fuera de la cavidad condílea y que supone literalmente

*Capítulo 2: El desarrollo de los procesos*

un balanceo de la estructura, el cual incita el crecimiento en largo de la rama mandibular (27).

Una vez preparada la succión, idealmente en el momento mismo de nacer, dado que recordemos hace parte del conjunto de procesos neurovegetativos e innatos, el niño debe convertirse en un lactante exclusivo, preferiblemente de leche materna.

Fuera del factor indispensable de fortalecimiento de la diada madre e hijo, de la ganancia emocional y la repercusión psicológica positiva, la acción de succionar del seno supone la exigencia muscular más fuerte a la que se enfrenta un recién nacido. Por eso después de la lactancia materna el recién nacido, cansado, sólo desea dormir.

Digamos entonces que la lactancia materna es el mejor gimnasio facial; fortalece y desarrolla la musculatura perteneciente a los labios, la lengua y el paladar, preparando la cavidad oral para enfrentarse a toda la exigencia funcional que se avecina. Durante esta primera etapa de la alimentación, se generan estímulos sensoriales y motores básicos para el desarrollo de centros especializados cerebralmente que fomentan la diferenciación y asociación de zonas orofaciales, basados en experiencias que incluyen estímulos táctiles, de temperatura, gusto y movimiento de las estructuras.

Junto con la succión y la respiración, la deglución como la última neurovegetativa, juega un papel de relevancia. Fuera de su función principal, hidratar y nutrir, la deglución también aporta comandos sensoriales y motores que favorecen la cavidad oral y otorgan a los movimientos finos de ésta, parámetros de acción que especializan cada uno de los procesos que se encuentran activos según la edad y preparan la experiencia del sistema para lo que viene.

Todos estos factores están involucrados en el recién nacido hasta aproximadamente los primeros 5 o 6 meses (28). Momento en el que la lactancia aún debe ser exclusiva, la succión deja de ser refleja para convertirse en un comando motor aprendido y la extensión de los movimientos mandibulares cada vez son más precisos y fuertes.

La etapa de ejecución de los procesos neurovegetativos no concluye, dado que la respiración y la deglución mantendrán siempre esta condición. Sin

*Capítulo 2: El desarrollo de los procesos*

embargo, la succión ya ha hecho su trabajo; se convierte en un proceso motor aprendido, por eso el bebé ya no "succiona" todo lo que toca sus labios, aunque empieza a llevarse todo a la boca para explorar, etapa importante para la posterior aceptación del alimento; no se trata de aceptar que se lleve todo a la boca, sino de preparar las condiciones del entorno para que pueda explorar con la boca cosas que se encuentren bajo el control y la limpieza del hogar.

Esta etapa debe haberle suministrado al sujeto, ganancia en el tono muscular oral, ganancia en la extensión del movimiento, en la fuerza y en la precisión motora, permitiéndole generar los primeros pasos de la masticación, como primer proceso aprendido.

Debemos partir del fundamento que todos los procesos orales son necesarios, hacen parte de una cadena finita de acontecimientos que proyectan el crecimiento del macizo facial, sin embargo, son la succión y la masticación los procesos que más estímulos de crecimiento y desarrollo aportan. Es indispensable entonces poder facultar al sujeto para el desarrollo normal de estos procesos, a partir de la presentación de un medio positivamente estimulante, que favorezca el desarrollo de habilidades neuromusculares, la organización motora, las posturas adecuadas y procesos de diferenciación de movimientos.

    La masticación debe cumplir con unos pasos para poder llegar a ser un proceso funcional, efectivo. Su primera condición es la verticalización del movimiento mandibular, esto quiere decir que la mandíbula baje y suba en condición vertical, sin lateralizaciones, para generar una especie de preparación del alimento antes de ser tragado. Esta preparación le corresponde a la lengua y al paladar, que, sustentados por la fuerza y la condición del movimiento vertical de la mandíbula, permiten que el alimento se macere entre ellos para generar un bolo homogéneo que pueda ser tragado sin problemas. Esta maceración genera un sonido particular en la alimentación del bebé similar a un chasquido de lengua.

    Por supuesto, la condición del alimento debe plantear una exigencia de preparación, por lo que se interpreta que no será un alimento líquido claro, entendido como el agua, o alimentos de condiciones similares.

## Capítulo 2: El desarrollo de los procesos

Me detendré a plantear las diferencias en consistencias para poder desarrollar la idea. Dentro del aspecto terapéutico en fonoaudiología, manejamos tipos de consistencias. Entre ellas se deben catalogar los líquidos, el puré y los alimentos transicionales.

**El líquido,** entendido como una consistencia de poca cohesión, es todo aquel que, como el agua, es bebible (la leche materna se adhiere a esta categoría) y en el caso del recién nacido, se proporciona a través del seno, el tetero o biberón. A su vez, la consistencia líquida se subdivide en cuatro tipos:

1. Claro, conceptualizado como el de menos cohesión. Es el "líquido más líquido". Su ejemplo principal es el agua.
2. Néctar, descrito como un líquido de mayor consistencia o cohesión. Sus moléculas son más compactas y su recorrido más lento y agrupado. El mejor ejemplo son los jugos de pulpa de fruta y algunos yogures.
3. Miel, entendido como el más grueso de los líquidos. Sus moléculas generan un cuerpo

compacto que hacen de su recorrido una relación lenta en distancia y tiempo. Su mejor referencia es la miel de abejas, toda consistencia parecida se denominará líquido tipo miel. Algunas compotas adoptan las características de este tipo de líquido.

4. Papilla, el último de los líquidos, catalogado incluso en alguna literatura como semilíquido, hace referencia a un alimento que vincula en su consistencia pequeños grumos que exigen su manejo en boca.

Por su parte, **el puré**, constituye la próxima categoría de las consistencias, supone un cuerpo compacto y seco que no tiene recorrido propio, por ende, exige un manejo completo de cavidad oral para su formación como bolo de alimento y su proyección para el tragado.

Y, por último, los **alimentos transicionales**, entendidos como sólidos, que dentro de la preparación oral deben pasar de un estado a otro para poder ser tragados. Éstos pueden diferenciarse entre sólidos blandos, como el pollo y el pescado, y sólidos duros o convencionales como la carne.

## Capítulo 2: El desarrollo de los procesos

De todas estas consistencias, son los líquidos y el puré los que deben comandar la transformación de la alimentación de materna exclusiva a complementaria, alrededor de los 5 o 6 meses. Por lo tanto, para que el bebé pueda plantear un ejercicio de verticalización del proceso oral, su contexto debe suministrar inicialmente alimentos complementarios como los líquidos miel, las papillas y el puré; estos factores condicionarán el nuevo proceso, generando ganancias sensoriales y motoras que permitirán el ascenso del ápex (punta) de la lengua, el desarrollo coordinado del manejo del bolo en la cavidad oral, una mayor propulsión del mismo hacia orofaringe, mejor proyección lingual en cuanto al movimiento, la fuerza y la resistencia, favoreciendo así las habilidades orales y los patrones de movimiento de las estructuras orofaciales que, hasta el momento, habían sido solo de coordinación succión-deglución pero que harán su transición a la verticalización del movimiento mandibular para masticación.

Una vez generado el patrón masticatorio primario, el sistema empieza a hacer su tarea, implementar una serie de movimientos que desarrollen el proceso y le proporcionen cada vez mayor solidez. En esta etapa, tendríamos un infante que se alimenta con leche materna y alimentación complementaria en consistencias líquidas clara, néctar, miel, papillas y puré, tendría alrededor de los 5 a 7 meses, idealmente.

La próxima transición de alimento llega pronto, el sistema empieza a cambiar la forma y pone en juego un actor principal, los dientes. A la erupción de los primeros dientes, la alimentación debe cambiar, dado que debemos mostrarle al sistema para qué sirven las nuevas estructuras. Para ello, se debe iniciar con las consistencias transicionales blandas, ya que estas no suponen un procesamiento complejo dentro de boca, además, deben proporcionarse inicialmente en volúmenes muy pequeños. Esto ocurre a partir de los 8 o 9 meses y se extenderá hasta la próxima etapa de transición.

Los sólidos de fácil manejo, como las galletas de leche o las tostadas de pan, son alimentos estratégicos en esta fase, dado que apoyan sobremanera la maduración de la acción masticatoria inicial. Por otro lado, el pollo, el pescado, el banano y las frutas similares serían la consistencia que ejemplifican lo que necesitamos. Éstas,

## Capítulo 2: El desarrollo de los procesos

exigirán al sistema un mayor control motor en comparación a lo exigido con el líquido, y una precisión sensorial idónea, complejizando el proceso en presencia de alguna dificultad.

En esta etapa, las características del movimiento masticatorio son mayores; aunque no hay dientes posteriores aún, la masticación empieza a mostrar movimientos de descenso y lateralización, haciendo trabajar toda la superficie de las arcadas de los dientes. Es importante que no se proporcione alimentos sólidos de gran exigencia, dado que las estructuras no están lo suficientemente fuertes como para afrontar la función masticatoria en pleno; por su parte, una mala experiencia con la masticación o cualquier proceso envuelto en la alimentación podría definir el inicio de un esquema errado que lo dañe todo. Es aquí cuando se hace importante resaltar que los procesos de alimentación están enmarcados en experiencias motoras y sensoriales, estas últimas basadas no sólo desde sensaciones internas (propioceptivas), sino también externas (visuales, olfativas, táctiles, gustativas) relacionadas con el entorno, las experiencias familiares y sociales.

La última transición de consistencias de alimento debe darse al tener los dientes completos, 20 (veinte) en total. La comida sólida puede proporcionarse libremente y en volúmenes que se acomoden a las dimensiones de la cavidad oral del infante. Esto tendrá lugar para su ocurrencia alrededor de los 18 a 24 meses. Será una etapa definida por un aprendizaje adoptado a través de la imitación, de ahí la importancia del modelado de los padres y el contexto.

Aunque la succión desaparece como reflejo, la acción motora aprendida debe continuar, siendo necesario que, desde el contexto, se aporte elementos en los que el infante pueda succionar consistencias líquidas y néctar. Es preferible que este proceso se facilite con utensilios especiales que favorezcan y proporcionen seguridad al proceso de alimentación, al infante, y a los padres.

## *Capítulo 2: El desarrollo de los procesos*

**Imagen 1.** Utensilios favorables en el fortalecimiento funcional de la región oral.

# CAPÍTULO 3

## La influencia de los padres y el contexto.

Miguel Antonio Vargas García

La importancia del acompañamiento de los padres en el desarrollo de los niños es irrefutable; la figura paterna y materna se establecen como modelos para el crecimiento, no sólo desde una entidad biológica de información genética, sino también como seres sociales, pensantes y de acción, por tanto, como la ficha más relevante de su identidad fenotípica[2].

El rol de los padres en la alimentación de sus hijos inicia incluso antes del nacimiento, pero se establece como un proceso intenso al iniciar la primera transición entre la alimentación con lactancia materna exclusiva o biberón y la inclusión de la alimentación complementaria. En la actualidad, muchos padres se alteran al ver a sus hijos rechazar el alimento, llorar porque tienen que comer

---

[2] Factores adoptados del contexto que han sido determinados como estimulantes para el crecimiento.

o sencillamente verlos "pasar entero", porque no tienen el hábito de masticar o procesar la comida. Una situación frecuente que lleva a los padres a consultar al especialista con el motivo de "*mi hijo no quiere comer*".

Pediatras, Nutriólogos, Fonoaudiólogos y todo el equipo médico participante, han iniciado acciones que apoyen los llamados trastornos alimenticios o trastornos de la conducta alimentaria. Sin embargo, el objetivo debe plantearse desde la prevención del problema y no del establecimiento de este; para ello, la figura del padre, la madre, el cuidador o el contexto, se hace determinante.

La acción de los padres puede influenciar los procesos de desarrollo alimentario del niño en dos sentidos; en un sentido positivo, donde se proveerá al lactante o infante de experiencias que estimulen los procesos orofaciales, como la succión, la deglución o la masticación, favoreciendo una dinámica correcta en la secuencia del desarrollo de las actividades neuromusculares en pro de la alimentación y de una condición nutricional que apoye el condicionamiento fenotípico del macizo facial. Sin embargo, esta mediación de los padres podrá también ser negativa, donde se

*Capítulo 3: La influencia de los padres y el contexto*

desfavorecería el proceso, dado algunas conductas irregulares que se han podido detectar en la clínica fonoaudiológica.

El mundo de hoy camina muy rápido, las exigencias rutinarias hacen que los padres se desliguen de algunos procesos básicos; se necesita tiempo, que las actividades que realizamos a diario se desarrollen a mayor velocidad para poder cubrir todas las obligaciones y compromisos que tomamos a fin de cumplir con exigencias laborales o sociales, y definitivamente la alimentación de los hijos tiende a demorar estas acciones cotidianas, como el regreso al trabajo o el aseo del hogar.

Entonces, en busca de cualquier estrategia que aminore el tiempo de dedicación a la alimentación, muchas veces se cometen errores desfavorables que finalmente se reflejan en el proceso de desarrollo de los niños.

Hablemos del suministro del alimento, y quién o quiénes son los encargados de ofertarlo al bebé. En el mejor de los casos son los padres quienes dan de comer a sus hijos, dedicando tiempo e información emocional y lingüística que favorece el proceso; sin embargo, hay casos en donde los padres por diferentes circunstancias no pueden estar en la hora de la alimentación y se recurre a las abuelas, familiares cercanos y/o niñeras, de los cuales cabe resaltar cada uno tendrá su patrón particular para suministrar el alimento y, en especial, su forma de analizar, comprender o determinar la cantidad y la permisividad de las acciones que se tornan al momento de comer.

En cualquiera de los casos, los mediadores del proceso de alimentación son los que deciden qué comerá el recién nacido, cuándo iniciar la transición del alimento, qué proporcionar en esa transición y no menos importante, a través de qué lo suministran. Cada uno de estos factores aportan información relevante al proceso de desarrollo que debe cumplir el sujeto en busca de la maduración orofacial, pero ello amerita tiempo, y muchas veces, tiempo no hay.

Entonces se opta por abrir el agujero de la mamila o el biberón para que el líquido fluya "mejor" y los niños puedan tomar el tetero con velocidad. O se licúa todo para que sea más fácil, práctico y rápido. O mejor, se pica o se corta en pedazos muy pequeños los alimentos, para "ayudarle" a comer.

## Capítulo 3: La influencia de los padres y el contexto

Cualquiera de estas acciones puede influenciar negativamente el proceso de desarrollo. Las conductas de los padres, en mayor medida aquellos que se basan en la inexperiencia, están sujetas muchas veces al temor del atoro o el atragantamiento, llevándolos a ser "prudentes" en el suministro de la alimentación. Muchos, incluso, perduran el seno o el tetero por causa de un episodio de tos que los atemorizó. En ese momento, en busca una alimentación segura, ignoran que realmente lo que están haciendo es facilitar los procesos de alimentación en tal medida, que no favorecen el desarrollo adecuado de la actividad neuromuscular básica para la transición a una alimentación con diversas consistencias, coartando la experiencia de estímulos sensoriales y motores orales, inhibiendo procesos propios de desarrollo facial, e incluso, fomentando aspectos de selectividad o rechazo de alimentos.

Pero ¿saben los padres cuándo influyen positiva o negativamente en los procesos de desarrollo de sus hijos? ¿Están capacitados para hacer de la mejor manera el acompañamiento en el proceso deglutorio y de alimentación?

Éstas son preguntas que nos hemos realizado desde la atención clínica, dado el número de casos que llegan a consulta por problemas con el proceso de alimentación.

En la experiencia se ha fundamentado el desconocimiento de los padres hacia factores preponderantes en la comprensión del crecimiento, el desarrollo y la maduración. No saber que la succión condiciona el crecimiento; ignorar cuándo es pertinente retirar el seno o el biberón para pasar a una alimentación complementaria o sencillamente no conocer los tiempos de transición a comidas sólidas, son factores que deben virar la mirada terapéutica preventiva hacia los padres, hacia el contexto.

Hemos tardado años buscando las mejores rutas para establecer tratamientos oportunos a los diferentes casos, pero debemos enfocarnos en las acciones preventivas que se encuentran en la labor de los padres, convirtiendo a éstos en veedores de un proceso de crecimiento y desarrollo normal.

*Capítulo 3: La influencia de los padres y el contexto*

Papás y mamás, son los factores más importantes de crecimiento y desarrollo que tienen los niños. Es imprescindible que estén facultados en todo lo concerniente a la evolución del sistema orofacial y los procesos que éste ejecuta. Para ello, el sistema de salud debería plantear programas de educación que contemplen estos contenidos. Los cursos psicoprofilácticos serían un espacio adecuado, a los que se deben abocar no sólo profesionales de la Enfermería, sino también Nutriólogos, Fonoaudiólogos y Psicólogos.

En ausencia temporal de ese espacio y con el objetivo de poder aportar a la labor de padres y madres, se debe detallar todo el contenido posible que fundamenta el proceso preventivo de crecimiento y desarrollo del macizo facial, lo cual se intenta describir en los siguientes puntos:

1. **Se debe tener claridad de la importancia de la succión la leche materna, desde los aspectos nutricionales, metabólicos y escudo de enfermedades, pero también es necesario conocer sus beneficios como gimnasio facial, como esa función oral que al ser ejecutada genera un fortalecimiento muscular de la**

cavidad oral, los labios, la lengua y el paladar y un crecimiento anatómico de las ramas mandibulares (6).

Por tal motivo, cualquier creencia de impacto estético a las madres a causa de la lactancia materna, es pertinente que sea abolida. Las repercusiones estéticas, sean éstas ciertas o falsas, no deben perjudicar las acciones favorables de la lactancia. Sin embargo, en casos donde el problema es la producción de la leche materna, es preferible estipular conductas, que si bien es cierto no reemplazarán los beneficios suministrados en la lactancia materna, puedan generar similitudes que apoyen el objetivo de crecimiento y maduración. Además, en estos momentos se cuenta con el apoyo de bancos de leche materna, que pueden guiar y ayudar con el problema.

2. **Es muy importante que los padres entiendan que la succión juega un papel determinante en el proceso de fortalecimiento muscular orofacial y por qué es fundamental que esa succión exija un mayor esfuerzo motor, haciendo resistencia durante el movimiento.**

## Capítulo 3: La influencia de los padres y el contexto

La succión se contempla como el primer gran esfuerzo de los niños. Muchos de ellos, luego de realizar un proceso continuo de succión para alimentarse, se quedan dormidos. Esto se debe a toda la energía que pierden al succionar, dado que se contempla como un gran esfuerzo físico; y sí que lo es, la musculatura orofacial debe ejecutar un proceso sincrónico de contracción y elongación que permitan no sólo abrir y cerrar la boca, sino además extraer el líquido. Por ello, cualquier factor facilitador que aportemos al proceso va en contra de lo que el niño necesita en realidad.

Abrir el agujero a los chupos o mamilas es muy usual. Generalmente se establece esta conducta como estrategia de facilitación de los procesos de alimentación, disminuyendo el tiempo de suministro de esta. Claro, técnicamente al ser más grande el agujero, la resistencia al líquido es menor, haciendo que su salida hacia la cavidad oral sea mucho más fácil. Pues bien, aunque algunos padres creen que "ayudan" a sus hijos, están generando todo lo contrario, un proceso de poca exigencia cuya repercusión inicial será poca ganancia de fuerza en buccinadores (músculo labial participante del proceso de succión) y restricción en la movilidad del balanceo mandibular, aspecto que, desde teorías ortodóncicas, se plantearía como una limitación en la estimulación del crecimiento anteroposterior de la estructura mandibular.

Ahora, técnicamente damos por cierto que todos los niños nacen facultados para generar de la mejor forma el proceso de succión. Sin embargo, algunos presentan una succión débil, lenta, poco efectiva, generalmente como consecuencias prenatales o un parto pretérmino. Estas condiciones predisponen un atraso en el desarrollo oral del infante y exigen a los padres los padres la necesidad de reconocer en qué situaciones la succión, como proceso de apoyo para el desarrollo fenotípico, puede llegar a estar alterada en factores como la tasa, la fuerza o el ritmo en el que se presenta.

3. **La lactancia materna exclusiva debe ser llevada hasta los seis meses.** El fundamento, además de todo lo concerniente al proceso nutricional y metabólico, se debe plantear también desde aspectos de comandos sensoriomotores. Resulta que aproximadamente hacia los 6 meses, quizás antes debido a la precocidad que muestran hoy

*Capítulo 3: La influencia de los padres y el contexto*

por hoy nuestros niños, la succión deja de ser un proceso reflejo y se convierte en una dinámica motora aprendida.

Esto quiere decir que antes de esta etapa, el sistema oral se activaba de forma automática cada vez que algo tocaba los labios. Esa activación daba paso a un movimiento llamado succión, donde los labios se adosan al objeto o estructura que los toca, iniciando un proceso de extracción de líquido, dado el caso del seno o el biberón. Una vez culminada la succión como reflejo, las áreas motoras del encéfalo se quedan con el recuerdo del movimiento, generando lo que se conoce como un engrama motor aprendido, el cual repite cada vez que el sistema entienda que debe succionar.

En ese momento, el cuerpo al retirar la succión como reflejo, naturalmente está comunicando que el único medio de nutrición del sujeto ya no debe ser la lactancia materna, sino que se está preparado para generar nuevos comandos de movimiento, los cuales se deben experimentar con alimentación complementaria.

**4. No es pertinente pasar de la succión refleja a un sólido.** Esto puede generar un error en la

**estructuración motora de la dinámica deglutoria.** Por lo tanto, la alimentación complementaria debe iniciarse con consistencias parecidas a eso que hasta ahora ha ingerido el sujeto; intentar con líquidos tipo néctar y tipo miel, papillas y purés, sería la mejor apuesta inicial.

En un inicio, la alimentación complementaria será caótica, los nuevos movimientos y la experimentación de estos en cavidad oral por parte de los niños harán que el alimento salga de la boca, se derrame, caiga al piso, termine en un oído, en el cabello o en los párpados. Todo como resultado de las nuevas experiencias sensoriales y motoras que en un inicio lo que están haciendo es excitar el sistema nervioso generando nuevos aprendizajes. Gracias a la acción especializada del sistema, todas estas experiencias terminan siendo controladas e integradas.

Una vez encaminado el nuevo proceso de recepción de alimento, con nuevos implementos y consistencias, el sistema ejecuta nuevos engramas motores que se repetirán por toda la vida. De ahí la importancia de que lo aprendido sea lo correcto, dado que, si no lo es, el

*Capítulo 3: La influencia de los padres y el contexto*

error perdurará por mucho tiempo, causando efectos negativos a su paso.

5. **La alimentación complementaria inicial debe estar mediada por alimentos líquidos compactos, esto quiere decir líquidos densos, que permitan un manejo homogéneo en boca. La mejor apuesta serán las papillas o el puré, a los cuales luego se les debería agregar trozos pequeños de alimentos blandos.** La importancia, en este punto, de suministrar alimentos con esta característica es poder generar en el sistema movimientos mandibulares que incentiven lo que será posteriormente el ejercicio masticatorio; para esto es ideal que se cumpla con un paso a paso en consistencias que permitan que el sistema se prepare de la mejor manera. Una propuesta actual de manejo de consistencias que se podría utilizar como escalonamiento en el aprendizaje y fortalecimiento de la masticación es la utilizada como estandarización de consistencias para la disfagia (IDDSI), la cual cataloga diferentes tipos de alimentación y los recrea en una secuencia lógica que

fomenta la sensorialidad, el manejo oral y la secuencialidad del tragado.

|   | **Alimento** | **Líquido** |
|---|---|---|
| 7 | Regular – Regular | |
| 6 | Soft – Suave | |
| 5 | Minced and moist – Picadillo húmedo (guiso) | |
| 4 | Pureed – Puré | Extremely thick – Extremadamente espeso |
| 3 | Liquidised – Liquado | Moderately thick – Medio espeso |
| 2 | | Mildly thick – poco espeso |
| 1 | | Slightly thick – Ligeramente espeso |
| 0 | | Thin – Líquido claro |

**Tabla 1.** Propuesta de consistencias[3].

6. **Se hace necesario pasar a los alimentos transicionales blandos cuando los dientes inicien su aparición. Sin embargo, así todo esté en orden desde la estructura, el proceso**

---

[3] International Dysphagia Diet Standardisation Initiative. (2018). Recuperado el 01 de agosto de 2018, de International Dysphagia Diet Standardisation Initiative: http://iddsi.org/

*Capítulo 3: La influencia de los padres y el contexto*

**masticatorio inicial es un asunto de aprendizaje, de imitación.**

Allí toma importancia el rol de los padres o del cuidador. Es indispensable que el infante sea enseñado en la labor de masticar los alimentos, incentivando al sistema para generar una memoria operativa de la masticación cada vez que el proceso deglutorio lo necesite. La ausencia de un patrón masticatorio al que modelar, generará una situación dañina y peligrosa, dado que los infantes al desconocer el proceso y el sistema al no estar familiarizado intentarán pasar los primeros alimentos de forma completa, sin procesarlos. De lograrlo, es infante podría estar generando una memoria errada del proceso, que, si persiste, sería determinante en la presencia de alteraciones.

En cualquier circunstancia, los padres o cuidadores deben ser los moderadores del aprendizaje masticatorio, moldeando desde sus inicios el comportamiento del proceso masticatorio y deglutorio, adoptando como estrategia el uso adecuado y medido de la percepción sensorial, fundamentada principalmente en la utilización de los cinco sentidos básicos (audición, tacto, gusto, visión, olfato).

Además, es primordial que en las transiciones de alimento los padres o cuidadores utilicen como herramientas los diferentes utensilios como la cuchara o el tenedor, el vaso y el pitillo; se debe tener en cuenta que el niño no nace conociendo la utilización de estas herramientas, factor que exige la estructuración de un plan de aprendizaje que sea liderado por el adulto o por niños pertenecientes al hogar o al contexto.

7. **Por último, es necesario que los padres y los cuidadores entiendan que el establecimiento de normas para la alimentación es estrictamente necesario, aunque estemos frente a un bebé. Es más fácil para los niños crear y entender patrones de conducta en cuanto a factores como el alimenticio, por lo que las normas se convertirán para él o ella en lo que se debe hacer cada vez que le digan que hay que comer. La creación de patrones apoya además el establecimiento de una actitud positiva ante el acto de la alimentación, aunque es menester de**

## Capítulo 3: La influencia de los padres y el contexto

**los padres entender que los patrones para la alimentación deben estar mediados por las rutinas y necesidades de los bebés, no de los adultos.**

Ocasionalmente los padres se desesperan al ver que los niños no comen, llevándolos a hacer, crear o experimentar travesías que terminan en lo mismo, una frustración inexplicable, el estrés al máximo y el deseo de que no llegue la hora del almuerzo ni de la cena, ya que ésta se convierte en una "pelea campal por la comida" y deja de ser un momento placentero. Paradójicamente, el bebé, siempre sonríe, salta o corre. Pareciera que estuviera feliz porque no come, o por ser el culpable de la frustración de sus padres en torno a la comida.

En esta circunstancia los padres cometen varios errores: **a.** pensar que el niño o la niña debe comer una gran cantidad de alimento. **b.** pensar que lo proporcionado en el plato, es lo que el infante quiere comer. **c.** pensar que "como es lo único que come, es lo único que le doy". **d.** accede a pretensiones o caprichos en cuanto a dulces y mecato, y pretender que luego se siente a comer. La misma situación sucede cuando el infante aún es lactado artificialmente, pues el tetero esconderá frecuentemente al mejor aliado de los padres, el hambre.

**Imagen 2.** Rechazando la comida.

Es muy importante entender que el hambre suscita el deseo de comer. Por lo tanto, no permitir que los niños sientan hambre es un error, dado que entonces todo lo que pretendamos darle de comer, será para alimentar más la necesidad de los padres, que el deseo alimenticio de los niños. Y es aquí donde un nuevo error sale a la luz y suma elementos a la frustración, las acciones coercitivas, que hacen de la lucha por la alimentación una competencia, en

## Capítulo 3: La influencia de los padres y el contexto

donde paradójicamente, es usual que gane el carácter más fuerte e inflexible, el de los niños.

La alimentación debe ser convertida en hábito familiar, como una necesidad; en ese orden, es necesario que se plantee desde los inicios que el infante sea quien pida la comida y no el adulto quien lo obligue a comer.

# CAPÍTULO 4

## Una propuesta de estimulación y desarrollo a partir de la alimentación.

Miguel Antonio Vargas García

Como se ha definido a lo largo del texto, debe quedar entendido que la alimentación se establece como la primera acción de orden fenotípico, gracias a ello, desde el momento mismo de la primera succión, la región craneofacial inicia su crecimiento. Por lo tanto, succionar para el recién nacido no es solo su medio de subsistencia, sino también su primer vehículo para crecer.

Es por tanto que lo primero que debe tener en cuenta el padre y la madre, es contemplar una alimentación inicial mediatizada por la succión.

En este caso, debe ser entendida una succión adecuada, como aquella que aportará un correcto patrón de estimulación para el crecimiento apropiado de las estructuras craneofaciales, generando en el recién nacido condiciones de desplazamiento óseo gracias a la oposición o resistencia que ejerce la acción de succionar y que le permiten desarrollar mayores niveles de tono, fuerza, volumen y resistencia muscular, que implican para el bebé un gran desgaste energético.

Un fenómeno importante, que aporta las características necesarias para el crecimiento, es la succión del seno materno; los factores estimulantes se supeditan a una actividad que se da de manera natural. Sin embargo, en la actualidad los imaginarios de belleza, las conductas sociales "anti-seno" o dificultades para la producción de leche materna, han establecido distancia entre la fuente natural de alimentación, el seno, y el bebé, eliminando de las posibilidades la acción de amamantar y con ello los estímulos y beneficios que esto acarrea.

Al parecer, la forma que hemos encontrado para suplir la alimentación directa del seno es el tetero o biberón, un utensilio que se ha convertido en el gran amigo de algunos padres. Sin embargo, aún cuando éste permite llevar a cabo la succión para alimentarse, no se iguala a la resistencia que establece el seno para la acción funcional, lo que pone a consideración algunos aspectos agregados a la succión que se debe tener en cuenta:

## Capítulo 4: Propuesta de estimulación y desarrollo

1. **La fuerza que ejerce el recién nacido al succionar.** Se debe entender como la fuerza evidente al hacer el movimiento de succión, algo que le oponga resistencia, pero que le sea posible realizar y sea funcional para la alimentación. No sería adecuado observar un patrón de succión débil, enlentecido y sin intensidad; si se presenta de esta manera, se debe consultar de forma inmediata a un especialista.
2. **El ritmo que aplica en la succión.** Denota el número de succiones que lleva a cabo antes de la primera deglución. Es muy importante que el ritmo se convierta en un patrón cíclico establecido de succiones-degluciones, dado que representará niveles de madurez neurológica.

Bien, hasta este momento la lectura nos permite visualizar que el restaurante inicial de todo recién nacido debe ser el seno de su madre; este fenómeno de dependencia debe durar de forma exclusiva hasta aproximadamente los 5 a 6 meses, donde sería clave iniciar una transición paulatina de alimento. Dado el caso que un recién nacido no tenga acceso al seno de su madre,

## Miguel Antonio Vargas García

por el motivo que fuere, es indispensable suplir en mayor medida los estímulos fenotípicos que este aporta, contemplando el suministro de un biberón o tetero con un agujero pertinente a la edad del bebé, el cual, de acuerdo a la etapa de desarrollo en la que se encuentre, controlará en la medida de sus posibilidades el flujo que proviene del recipiente utilizado, que, preferiblemnete, no debe estar adaptado para facilitar la salida del líquido hacia la boca. Finalmente, esto no se debe considerar una ayuda al lactante, sino más bien una acción equívoca de los padres o cuidadores.

Tenga en cuenta que abrir un agujero al biberón no es ayuda para el bebé; si bien es cierto, esto permite que la alimentación con el biberón sea más rápida, también es cierto que estará eliminando toda resistencia necesaria del chupo a la succión, otorgando el papel principal de la salida del líquido a la inercia/gravedad, disminuyendo la fuerza necesaria de la succión en el recién nacido. Este fenómeno se contrapone a las necesidades que se requieren del medio para el proceso de crecimiento y desarrollo cráneofacial.

## Capítulo 4: Propuesta de estimulación y desarrollo

Llegados los 6 meses, o tiempo antes de dar por terminada la etapa de lactancia exclusiva, sugiero iniciar con pequeñas pruebas de alimento, ya que es importante retirar la toma exclusiva de seno de manera paulatina, no repentina. Por lo tanto, uno o dos meses antes de terminar esta exclusividad, sería importante empezar a proporcionar, en volúmenes pequeños, alimentos que no exijan un mayor esfuerzo para la preparación en cavidad oral, que se puedan desintegrar en boca y que estén siempre acordes al tamaño de la cavidad. Esto podría ser pequeños trozos de galletas, gelatinas o compotas. Es importante entender que estos alimentos no se deben establecer como las comidas, sino que se convierten en un aporte extra al cual se le debe manejar la proporcionalidad.

Además, como un apoyo a la receptividad y en aras de combatir esos rechazos actuales de los niños hacia el alimento, sería indispensable que estos "nuevos" alimentos varíen en sabores, temperaturas, olores y colores, por lo que un día podría brindarse una compota natural fría, al día siguiente una compota natural, de otro sabor, a temperatura ambiente y, por qué no, luego una tibia. Esta estrategia permitirá abrir canales sensoriales que a futuro favorecerán el reconocimiento de diversas sensaciones que una vez aceptadas, difícilmente podrán ser rechazadas. En cuanto a las galletas, recuerde que deben deshacerse en la boca, no solo tendrían que ser de dulce, sino también de sal.

En esta época puede que se presenten algunos episodios de atoramiento, tos y quizás algunos se conviertan en vómito. No se alarme, estos episodios están demostrando la madurez y fisiología del sistema, son normales. Así como cuando el bebé comenzando a caminar se cae, de la misma forma cuando empiezan las transiciones de alimentos, se atorará, dado que está aprendiendo nuevas formas de deglutir el alimento. Hasta este momento, solo sabía pasar líquidos que succionaba, ahora debe hacer todo un engrama distinto; recibirá nueva información sensorial en cuanto a consistencias, temperaturas y sabores; aprenderá nuevos movimientos que debe recrear y repetir, lo que implica toda una tarea neurológica que, aunque difícil, está facultado para hacer.

Los golpecitos en la espalda y el aire en la cabeza están demás, créame. Igual esto puede seguirlo haciendo,

## Capítulo 4: Propuesta de estimulación y desarrollo

lo que no debería hacer, es dejar de dar alimento por miedo a un nuevo episodio de tos.

Como acción preventiva se debe aclarar que los episodios de tos deben ser esporádicos; aunque pudiesen darse varias veces durante un mismo momento de alimentación, no deben aparecer cada vez que se lleve algo a la boca y lo degluta. En el caso de presentar un atoramiento muy fuerte, este se caracterizará por el cambio de color en la región perioral, la punta de la nariz, el lóbulo de la oreja, las manos y los pies; esta situación tendría que haberse desencadenado por alguna condición atípica dentro de la alimentación, le indica que algo no está bien. En repetidas ocasiones el error se ha encontrado en el alimento suministrado, ya que frecuentemente no es el pertinente, no está de acuerdo con la edad y etapa de desarrollo. De ocurrir, aun manteniendo bajo control los aspectos de cuidado, consulte al médico.

Estos aspectos de cuidado al iniciar la alimentación deben estar regidos por una alimentación pausada, al ritmo de tragado del infante, no del adulto; de pequeños volúmenes de alimento, proporcionada en una postura ideal con utensilios adecuados. Esto ayudará al bebé a memorizar los movimientos y generar un patrón motor que se repetirá durante todos los episodios de alimentación en su vida.

Llegados los 8 meses, la lactancia exclusiva ya estaría tardía, se avecina una nueva etapa, descrita en el texto como la segunda transición de alimento. Los dientes deben estar emergiendo, marcando la nueva etapa con su presencia, sugiriendo las acciones que se deben generar en pro de la alimentación.

Los dientes son estructuras ubicadas sobre los procesos alveolares de los maxilares, su función está dada en mayor porcentaje para masticar y a través de la acción, condiciona el crecimiento transversal del paladar duro, por ende, también del maxilar y la mandíbula. Ya que durante esta fase los dientes no están completos, no se podría aportar aún comida muy sólida, pero sí alimentos blandos que sean cortados por los nuevos participantes de la sonrisa.

Durante esta etapa ya el seno no es la comida principal; no significa esto que haya desaparecido tajantemente, puede ser que se proporcione durante una o dos veces al día, para que alrededor de los nueve meses o

## Capítulo 4: Propuesta de estimulación y desarrollo

el año, ya no haga parte del menú. Tenga en cuenta que el seno puede permanecer más allá del año de vida, sin embargo, la sugerencia es que éste se considere como un alimento extra y no como el principal. Es muy importante que, al dejar por completo el seno, se siga usando alimentos líquidos como consistencia de alimentación, las sopas, los jugos, el agua, son alimentos que siguen aportando una sensibilidad importante a la región intraoral; sin embargo, no pueden ser los únicos. Si usted se convierte en esos padres que sólo dan sopas, jugos, todo licuado, colado o batido, está incurriendo en un grave error. Estimular fenotípicamente de una sola manera, repercutirá en el rechazo de todo aquello que no conozca el niño o la niña, por lo que podría tener problemas cuando pretenda luego dar de comer carne o pan.

Lo anterior no indica que una de las primeras experiencias que ofrezca al niño deba ser un alimento duro, ya que la dinámica de solidez de los alimentos estará marcada por la erupción de los dientes, en la medida en que emerjan más piezas, el alimento debe ser más sólido, aportando así al sistema una referencia del para qué sirven las estructuras dentarias, condición propia para cimentar la fase siguiente.

La masticación, como tercera fase, exige una alimentación sólida, porcionada en un tamaño adecuado para controlar dentro de la boca, debido al tamaño pequeño de la cavidad oral, pero que exija la preparación de un bolo alimenticio compacto. Esto abarca un lapso entre el primer año y hasta que el niño coma solo. Si bien en cierto, la alimentación anterior ha debido suscitar los movimientos verticales y laterales de la masticación, es aquí cuando el contexto juega un papel principal en el modelado del proceso.

Resulta que todos llegamos al mundo facultados para comer, pero este acto innato se da sólo para succionar, no para las exigencias posteriores de la alimentación. Las demás acciones alimenticias, deglutorias, deben ser adquiridas del medio, aprehendidas y aprendidas del contexto, por lo que necesariamente el infante necesita de sus padres o su contexto para comprender que los alimentos se mastican.

## Capítulo 4: Propuesta de estimulación y desarrollo

En una sociedad actual en donde el comedor es un sitio inhóspito, la labor de la familia debe ser volver a la mesa, juntos; que primero coma el niño o la niña y luego los padres, no es la decisión más acertada. Los infantes deben comer junto a su contexto inmediato y deben ser los mayores quienes apoyen las acciones de alimentación, manteniendo siempre algunos aspectos determinantes en la conducta alimentaria.

En consecuencia, es indispensable que se establezcan acciones que permean la armonía alrededor del acto de comer, que influyan directamente en la aceptación de la alimentación, no sólo como acción nutricional sino también como una conducta habitual, familiar, social y placentera.

Es importante que la comida no sea un acto obligatorio, por ello se hace indispensable establecerlo como una acción de familia, un momento para compartir. La importancia conceptual de la alimentación no debe estar dada exclusivamente por la nutrición, aunque sea realmente lo primordial. Sin embargo, estos aspecctos no son claramente visibles para niñis y niñas, por lo cual no se constituyen como puntos a los que se le ortorgue importancia; ellos no saben la magnitud de la nutrición, no la entienden. Pero sí saben qué les gusta y qué no; cómo les gusta y cómo no; por qué y cuándo les gusta. Además, pueden percibir la influencia familiar que aporta el acto de comer en su hogar. Por ello, persuadir hacia la alimentación debe hacerse estratégicamente, sin regaños, sin maltratos, sin obligaciones. La inteligencia emocional juega un papel importante y el actor principal para su utilización será el dinamismo e ingenio que le impriman los padres y su contexto. Eso sí, tenga presente que el mando y la autoridad es del adulto, no del infante.

En la actualidad, la alimentación y la televisión son condiciones sine qua non, constituyéndose esta en una distracción que, quizás, permita al infante la ingesta del alimento, cumpliendo con la finalidad nutricional del acto, pero que desdibuja las acciones sociales y contextuales que fortalece el proceso de alimentación, por lo que sería indispensable que, a la hora de la comida, lo único que pueda causar distracción sea un juego que persuada el mismo acto de comer.

Tomar la reproducción de videos o la televisión como estrategia para proporcionar el alimento, no está del

*Capítulo 4: Propuesta de estimulación y desarrollo*

todo mal; el sentido radica en distraer la atención de los niños para que "no se den cuenta que están comiendo". Sin embargo, si esto ocurre, tenga presente que, en ausencia de la distracción, comer puede ser tormentoso. Por ello, es muy importante, que la utilización de reproducción de videos como estrategia para el alimento, no se instaure como un hábito permanente, sino que se utilice en contadas ocasiones.

Un aspecto favorecedor de la motivación por la alimentación y los alimentos es tener en cuenta que los niños y niñas son personas que, desde su nivel de decisión, tienen una opinión válida y valiosa alrededor del concepto que constituye la comida, suponiendo con estos un acto de aceptación y/o rechazo del alimento.

Delegue responsabilidades con la alimentación; vincule a los niños al proceso de selección y compra del alimento, pregúntele la decisión sobre lo que quiere y no quiere comer; una vez establecido el plato, no le estime la cantidad del alimento, permítale la autonomía al definir qué tanto come. Recuerde que comer es una acción fisiológica y su cuerpo estará facultado para definir la cantidad de alimento que necesita. No imponga sus exigencias, conocimientos, gustos o creencias ante la alimentación de los niños. Sin embargo, mantenga un control nutricional que le permita definir la necesidad de vincular otras estrategias a la conducta alimentaria.

**Imagen 3.** Selectividad al alimento.

No olvide que el desayuno es un elemento vital, esforzarse en ésta desde el inicio es primordial para el éxito de la conducta alimentaria; se estima como el contacto diario, inicial, con un nuevo día. Utilice el espacio con estrategias que fomenten el ánimo en la niñez. No es favorable ver el acto de alimentación como un rígido proceso obligatorio de la humanidad, amenizar

*Capítulo 4: Propuesta de estimulación y desarrollo*

estos espacios sería importantísimo para reeducar todas aquellas malas conductas que le hemos aportado.

Una vez establecida esta fase, la alimentación, desde el aspecto funcional, deglutorio, será una acción repetitiva y los estímulos fenotípicos que aporte, serán los adecuados. De lo contrario, estaremos frente a un posible sujeto con problemas de oclusión al comenzar la pubertad, o con poca fuerza en región oral lo que incentivaría la apertura de la boca y, muy probablemente, una respiración oral. Iniciarán problemas de simetrías faciales y los típicos casos de niños que no mastican, pasan entero o rechazan la comida, chupan la carne, pero no la mastican ni la degluten, sacándola de la boca y la dejándola en el plato.

No se debe esperar para decir, ¡**Doctor, mi hijo no quiere comer**!, como motivo de consulta inicial, dado que, si la respuesta no será propiamente que no quiere, sino que no puede, entonces sin importar la edad, ya será un poco tarde. Comenzar procesos terapéuticos para cambiar patrones establecidos de movimiento en un sujeto neurotípico, no es solo complicado para el terapeuta, sino también un desgastante para el infante y su familia. Prevenir siempre será mucho más económico y preferente.

## *Miguel Antonio Vargas García*

Si el caso ya tiene instaurado un Trastorno de la Conducta Alimentaria, el cual lo hemos encontrado en la clínica como trastorno alimenticio, problemas deglutorios o anorexia infantil, el paso más importante es consultar al Pediatra y ser remitido a un Nutriólogo y luego a un Fonoaudiólogo especializado. El direccionamiento debe estar planteado a partir de acciones de ganancia sensorial, pero primero sería indiscutible medir el impacto que ha generado la condición establecida alrededor del alimento y poder definir la estrategia terapéutica más acertada, la cual, ocasionalmente, supone el apoyo psicológico y fonoaudiológico al mismo tiempo.

Para un adecuado proceso de alimentación, es bueno que se implementen los utensilios pertinentes, considerando también que el momento lo amerite. Por ejemplo, la utilización de cucharas adecuadas para el tamaño de la boca, preferiblemente siempre de silicona para que no haya lesiones en dientes, si son pequeños; vasos-pitillos para la ingesta de líquidos una vez se termine la alimentación directa del seno materno o el tetero.

## Capítulo 4: Propuesta de estimulación y desarrollo

No permita por ningún motivo que el tetero se prolongue después del año. Si la intención es seguir proporcionando el contenido del tetero, entonces cambie el recipiente por un vaso-pitillo o similar, pero no el biberón o tetero. La explicación de esto es que el chupo del tetero ocupa un espacio de importancia en boca, haciendo fricción constantemente contra el paladar. Esta dinámica de fuerzas hace que el paladar ceda su espacio y crezca hacia arriba, un factor exponencialmente nocivo para el equilibrio del crecimiento y el desarrollo del sistema orofacial. Lo mismo sucede con el chupo de entretención o la succión del dedo. En la medida de lo posible, elimine el hábito una vez el niño inicie con el dedo en la boca, de lo contrario se verá expuesto a una conducta muy difícil de erradicar (29).

Por último, si su hijo o hija están presentando problemas con la alimentación, hágase la pregunta inicial, ¿no quiere comer? o ¿no puede comer?, su respuesta será determinante en las conductas que se pueden tomar dentro del hogar. Si la respuesta no conlleva a un panorama claro, no dude en consultar al pediatra y al fonoaudiólogo.

# CAPÍTULO 5

## Realmente, ¿mi niño no come?

Omar Antonio Pérez Álvarez [4]

*"Cuando se habla de comida, lo importante no es la cantidad, sino la calidad".*

Es frecuente escuchar en consulta, por parte de los padres, la preocupación: Doctor, mi niño "no come", lo cual en realidad no es así, ya que el cuerpo humano no sobrevive sin recibir alimentos por mucho tiempo y menos el de un niño, motivo por el cual el ser humano crea una serie de señales de tipo químico y biológico que lo obligan a comer o por lo menos, lo mantienen con señales de hambre para poder buscar y recibir los nutrientes que el

---

[4] **Médico,** Pediatra – Hospital de Pediatría Juan P. Garraham – Buenos Aires, Argentina. Especialista en Nutrición Infantil - Hospital de Pediatría Juan P. Garraham. Magister en Epidemiología – Universidad del Norte – Barranquilla, Colombia. Email: omperal@hotmail.com

organismo necesita para su adecuado funcionamiento diario.

La ingesta de alimentos depende de ciclos alternantes de hambre y saciedad, sensaciones que se encuentran en centros altamente especializados del hipotálamo, bajo un control neurohormonal influenciado por señales originadas en sitios distantes como el estómago, intestino delgado y grueso, con mensajeros bioquímicos que circulan en sangre, como la leptina, péptido Y, grelina e insulina e incluso por señales externas como las ambientales, influenciando todos nuestros sentidos (olfato, visión, gusto, tacto y la audición), los cuales juegan un papel fundamental en la alimentación (12).

La alimentación no solo tiene que ver con el crecimiento, reflejado en peso y en talla, también está implicada en el proceso de desarrollo de todos los sistemas y su adecuado funcionamiento, lo que nos exige entender ¿cuáles son realmente los requerimientos nutricionales del niño la niña y cómo se representan éstos en sus comidas?, porque muchas veces sobredimensionamos las cantidades que los niños requieren y les exigimos más de lo que

## Capítulo 5: Realmente, ¿mi niño no come?

realmente son sus necesidades, las cuales con frecuencia se suelen ajustar a lo aceptado por ellos a la hora de comer (10).

*"Las calorías son un índice de cantidad y no de calidad de los alimentos, por lo que el estar bien alimentados no indica que estemos bien nutridos"*

Con frecuencia, las necesidades nutricionales de los niños suelen ser sobreestimadas por los padres, que consideran que las porciones que comen los niños son muy pequeñas y que no alcanzarán a cubrir sus requerimientos, asumiendo muchas veces que las conductas adoptadas (negarse a seguir comiendo, sacarse la comida de la boca, entregar el plato de la comida, etc..) son acciones de rechazo o de ausencia de apetito (8).

Por eso es indispensable que los padres entendamos la diferencia entre hambre y apetito. El hambre, se considera aquello que nos obliga alimentarnos, por lo que todos, con muy pocas excepciones (enfermedades), sentiremos hambre y buscaremos suplir esa necesidad fisiológica; mientras que el apetito, hace referencia al deseo de comer, sin necesidad de estar exigido por la sensación de hambre (9).

## *Omar Antonio Pérez Álvarez*

Los niños en general comen porque sienten hambre, ya que su apetito suele ser muy selectivo y puntual, razón por la cual es importante lograr que llegue con hambre a sus horarios de desayuno, almuerzo y cena, haciendo uso de la necesidad fisiológica para que reciba y muestre interés por la comida, ya que en general, ésta se ha convertido para la mayoría de los niños y niñas en un trámite diario, restándole gusto y significado.

Para lograr el cometido, es importante entender que, generalmente, la digestión de un alimento se realiza en aproximadamente 3 horas, razón por la cual es indispensable asegurar que por lo menos 3 horas antes de las comidas principales[5], los niños no reciban alimentos, ni siquiera en pequeñas porciones, con el fin de utilizar la sensación fisiológica del hambre como herramienta necesaria para la aceptación.

*"Generalmente los niños responden más a la lúdica que a la comida, ésta no es que se encuentre entre sus prioridades, a menos que tengan hambre o sienten el deseo por un alimento específico (apetito)"*

---

[5] Desayuno, almuerzo y cena.

*Capítulo 5: Realmente, ¿mi niño no come?*

## Claves para la buena alimentación en un niño

1. Es fundamental entender que la alimentación va de la mano con la educación, así como le enseñamos a nuestros niños a saludar, de igual manera debemos enseñarles a comer, y eso, por lo general, lleva su tiempo y requiere dedicación.
2. Los alimentos se deben ofrecer en porciones pequeñas, en platos pequeños. Es preferible que pida más y no que se desanime por ver mucha comida.
3. Los alimentos deben estar separados, se debe evitar mezclarlos, ellos decidirán si quieren hacerlo.
4. Los alimentos se deben ofrecer, no es pertinente forzar al niño o generarles la obligación, ya que es una manera rápida y segura de que generen rechazo.
5. La alimentación tiene fuertes patrones sociales y culturales, factor que denota importancia en el acompañamiento a la hora de comer, debido a que una de las acciones humanas más primitivas, sobre todo en las primeras etapas de la vida, es la imitación, por lo que es pertinente recurrir a ella

como una de las herramientas más importantes con las que cuentan los padres en los primeros años de vida para combatir la selectividad, la cual, es importante saberlo, se irá dando de manera natural e inevitable en la mayoría de los niños.

6. Los alimentos que se desean ofrecer deben ser expuestos a los niños en múltiples oportunidades, entre 9 y 17 veces para que puedan aceptarlos. El repetir la exposición a los alimentos aumenta las posibilidades de que los acepten e incorporen, sin necesidad de obligaciones o violencia; es suficiente que los prueben, lo cual siempre será más fácil de aceptar por los niños, (no es lo mismo probarlo que tener que comérselo), pero en la prueba reiterada estará jugando un alto porcentaje de probabilidad de aceptación del alimento (cercana al 90%).

7. No premiar ni castigar, ya que el mensaje que se dará a través de estas estrategias será siempre contradictorio; por un lado, si le premian, significa que lo ofertado es tan terrible, que lo tienen que premiar para que lo coma. El mismo mensaje lleva consigo el castigo.

## Capítulo 5: Realmente, ¿mi niño no come?

8. La presentación de la comida es importante, hay que utilizar, en lo posible, figuras y colores, ya que los niños fundamentan su gusto y su comportamiento en la fantasía y el juego. Preferiblemente los platos deberían ser de colores y tener forma de alguna figura, los alimentos deben estar separados y tener formas que llame su atención; por ejemplo, que estén dispuestos en forma de montaña, círculos, cuadrados de variedad de colores.

9. No deberíamos clasificar los alimentos en buenos o malos, ni generar prohibiciones, ya que lo prohibido suele convertirse en lo más deseado, pero sí es importante que los niños entiendan que hay alimentos más saludables, que los alimentos saludables ayudan con su crecimiento y desarrollo y que cada uno de ellos tiene su espacio según el tiempo y el lugar.

10. En términos nutricionales, muchas veces los niños comen muy bien un día y llenan sus reservas, lo suficiente para que los 2 o 3 días siguientes coman en porciones pequeñas, ya que las señales de hambre no son tan altas, pero al bajarse esas reservas, como

ocurre cuando se hace dieta, deben aumentar las señales de hambre y seguramente volverán a comer. Sin embargo, los padres se quedan con esos 2 o 3 días de comer poco y no con los días de aumento del apetito, por lo que conocer esta conducta frecuente en los niños, ayudará a moderar las exigencias que imprimen los padres hacia la alimentación.

11. En los primeros años se suelen formar las preferencias alimentarias, siendo la mayoría aprendidas, pero hay unas que son innatas, como la tendencia por el sabor dulce, por lo que reducir el consumo de azúcar en niños pequeños es fundamental, ayudando a que los niños establezcan otras preferencias de sabor y elijan alimentos más saludables.
12. El agua es la principal bebida a tomar.
13. Una comida no se debería dar en más de 20 a 30 minutos, ya que la señal de saciedad una vez que entra el alimento al cuerpo, dura ese tiempo en bloquear la señal de hambre, siendo preferible, si ha comido poco, utilizar las meriendas para reforzar.

*"Crea tus hábitos y luego tus hábitos te crearán a ti".*

*Capítulo 5: Realmente, ¿mi niño no come?*

# Grupos de alimentos para luego definir las porciones

Hay muchas formas de clasificar y categorizar los alimentos:

A. Plásticos: que aportan proteínas
B. Energéticos: que producen energía.
C. Reguladores: que regulan el funcionamiento del organismo.

- Lácteos y derivados (Queso, Yogurt) (A)(B)(C)
- Carnes (A)(B)
- Huevo (A)(B)(C)
- Cereales (A)(B)
- Hortalizas:
  · Vegetales. (C)
  · Tubérculos. (A)(B)(C)
  · Legumbres. (A)(B)(C)
- Frutas. (C)
- Grasas y Aceites. (B)
- Frutos secos y semillas. (C)(A)

- Agua. (C)
- Azúcar y Dulces. (B)

No es recomendable el conteo de calorías, ni el pesar o medir la comida, solo en caso de dietas muy específicas, generalmente asociadas a algunas enfermedades.

Comer es una actividad que realizamos varias veces al día y a la cual no deberíamos agregarle más complejidad de la que implica (11).

## ¿Cómo conocer la cantidad de alimentos a comer?

Es importante conocer la cantidad de alimento pertinente para cada niño; podemos sugerir el *método de la dieta con la forma de la mano y medidas complementarias*.

La mano refleja el tamaño del cuerpo de cada persona, según la forma en que se coloque la mano, nos indica la cantidad de comida que equivalen a una porción (7).

## Capítulo 5: Realmente, ¿mi niño no come?

1. Palma de la mano sin tomar en cuenta los dedos: porción de proteínas en cada una de las 3 comidas principales.

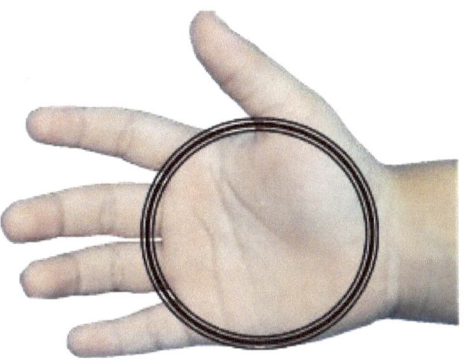

**Imagen 4.** Tamaño relativo de la porción de proteína.

2. Puño: porción de carbohidratos en cada una de las 3 comidas principales.

**Imagen 5.** Tamaño relativo de la porción de proteína.

3. Dos manos abiertas: Porción de verduras.

**Imagen 6.** Tamaño relativo de la porción de verduras.

4. Una mano abierta: Porción de futas.
5. Huevo: 1 unidad por día.
6. Leguminosas(granos): de 2 a 4 cucharadas (1 cucharada = 15ml) 3 veces por semana.
7. Leche y derivados: Leche y Yogurt 2 vasos por día (1 vaso = 8 onzas (240 ml) / Queso: tamaño que ocupan, tanto a lo largo como a lo ancho los dedos, índice y medio, juntos.

Estas cantidades, que corresponden a los requerimientos mínimos de niños sanos, son suficientes para aportar las necesidades que les exige su crecimiento y

## Capítulo 5: Realmente, ¿mi niño no come?

desarrollo, la gran mayoría de los niños las alcanzan a consumir y de no lograrlo, el día cuenta con varios tiempos de alimentación, en los que el cuerpo suele compensar si hay alguna exigencia extra que necesite el organismo.

*"Cuando la alimentación es mala, la medicina no funciona; cuando la alimentación es buena, la medicina no es necesaria."*

*Proverbio Ayurveda*

# CAPÍTULO 6

## Comer también es Hablar: una estrategia de estimulación.

Paola Andrea Eusse Solano[6]

El lenguaje es la capacidad humana por excelencia que le permite a cada individuo interpretar, entender, vivir y disfrutar el mundo que le rodea, además, de una ruta ideal para compartir, desde sus intereses, emociones, gustos y disgustos, todo un potencial que un infante tiene por crear y desarrollar para aprender.

Un niño construye sus habilidades lingüísticas, cognitivas y sociales a partir de las experiencias que se desprenden de su entorno, por lo cual, la riqueza o restricción de estímulos que experimente determinará en la interacción con cada uno de los elementos o personas que allí encuentre, la viabilidad a la

---

[6] **Fonoaudióloga.** Especialista en Docencia Universitaria, Universidad Metropolitana. Investigadora Grupo DEFOM, Fonoaudióloga Clínica ACFEF. Barranquilla, Colombia. Correo: paolaeussesolano2@gmail.com

materialización de sus ideas y fantasías infantiles a través de la expresión corporal, verbal o signada, desarrollando y enriqueciendo de esa manera las diferentes habilidades que constituyen cada aspecto del lenguaje, y que, desde una visión circular y sinérgica, se integrará en formas de comportamiento que establecen un canal de exteriorización de aspectos cognitivos, haciendo del lenguaje una función cerebral superior que estructura la ruta social del ser humano.

El lenguaje, como elemento innato para algunos o de desarrollo social para otros, permite establecer desde el vientre materno una relación cercana entre la madre-padre y hermanos con el nuevo bebé, generando procesos de estimulación relacionados con la estructura, funcionalidad, comprensión, construcción y expresión de un proceso que se materializa en la exteriorización de la palabra, pero que se empieza a saber manejar desde dentro. La estructuración final del lenguaje tiene como importante recurso la imitación que, después de establecer la estructuras de patrones, permiten a cada niño, de acuerdo con su edad cronológica, generar un enriquecimiento en las habilidades para el uso de la palabra, llegando con ella

## Capítulo 6: Comer también es Hablar.

a suplir necesidades básicas de su vida diaria, como la afectividad, el alimento o la diversión, y a partir de la cual se amplía la gama de opciones para dar solución a los retos que enfrenta en cada etapa de la vida.

Para el recién nacido, las habilidades de desarrollo del lenguaje comprensivo y expresivo se promueven desde el nacimiento, momento en el cual, al ser colocado al seno de la madre desde sus primeras horas en el mundo, el nuevo pequeño explorador establece un vínculo con su progenitora a través del suministro de alimento del seno materno, situación fisiológica y natural que indica, en esa naturaleza misma, la importancia de establecer un sistema de comunicación, con quienes le rodean.

La comunicación comienza con el roce de la piel entre madre e hijo, la calidez y seguridad de contar con un proveedor de alimento constante, la relación emocional que transmite el momento de la alimentación y el contacto visual que establecen entre los dos, además de otras situaciones, que marcadas por la afectividad, median aspectos de asociación de eventos placenteros para el recién nacido como el de succionar y satisfacer su hambre, y donde esa misma afectividad da la pauta para convertirse en el afianzador de un primer aprendizaje multisensorial que facilita la asociación de imágenes, sensaciones y acciones motoras que suscitan un esquema mental de aprendizaje.

El alimento es la primera ruta de entrada; mientras lo toma, intenta llegar con su mano el pecho o al rostro de quien lo alimenta, devolviendo con la exploración un gesto de agradecimiento como primer esbozo de la intención comunicativa, habilidad pragmática que debe reforzarse por la madre con palabras y gestos de aceptación que le indiquen al bebé que lo que intenta comunicar ha sido entendido y que obtendrá como respuesta la caricia física o con palabras de su entorno, en este caso de su primer interlocutor, acción que le indicará una ruta de mensajería con influencia positiva sobre su receptor, motivando al lactante a intentarlo nuevamente.

Sin duda, el lenguaje es un proceso de aprendizaje, que se ve enriquecido en los sujetos por aspectos culturales, narración de cuentos, arrullos, rondas y frases acompañados de expresiones faciales que al ser adheridos a la hora de amamantar, permiten no sólo nutrir físicamente al bebé, sino que también generan una

## Capítulo 6: Comer también es Hablar.

ganancia emotiva y pragmática para el uso del lenguaje en el contexto que ha de crecer, su lengua materna, abriendo un abanico de posibilidades para establecer su primer vocabulario y la consecución de la cultura en la cual está inmerso y que le servirá de retroalimentador en su proceso de desarrollo lingüístico.

Dar cabida desde los primeros meses de vida a la estimulación de las funciones del lenguaje le permitirá al recién nacido dilucidar aspectos que de manera recíproca permitan estrechar la relación con su entorno; en la medida en que las estructuraciones verbales, como la palabra o frase, son suministradas por el medio, empieza un proceso de registro de la información, que, si bien en primera instancia no cobra ningún sentido, fomentan la generación de marcos de referencia sobre las acciones, los comportamientos y demás elementos que componen el lenguaje y la comunicación, estableciendo un código socialmente compartido, inicialmente familiar, que luego se proyecta a sus grupos sociales, como el jardín de infantes, el parque, las fiestas infantiles, entre otros.

Estos pequeños pero grandes observadores en sus primeros seis meses, pasan de los brazos de su mamá a sentarse y sujetar en sus manos objetos que quieran conocer, experiencia ampliamente relacionada con el desarrollo cognitivo y del lenguaje, dejando de lado la acción motora refleja y volviendo voluntaria su exploración, la cual se puede afianzar a través de la presentación de estímulos llenos de color, olor, sabor y texturas que agudicen los sentidos como la visión, el olfato, el gusto y el tácto, permitiendo la entrada de estímulos que activan vías sensoriales y que ayudan a modular las respuestas ante nuevas sensaciones. Esto, en particular, influye directamente sobre el proceso de alimentación, el aporte de sensorialidad oral incentiva la aceptación de nuevos alimentos, dispone sensorialmente la boca para el cambio de una dieta alimenticia de líquida a pastosa y luego a sólida, factores de cambio, de experiencia, que estimula el conocimiento de su entorno y genera un banco de conceptos y nuevos vocablos a su repertorio lexical.

En los primeros meses de vida el pequeño infante debe ser capaz de afinar movimientos de la lengua y de la mandíbula que permiten no solo generar patrones de movilidad muscular en pro del desarrollo y la maduración

## Capítulo 6: Comer también es Hablar.

del sistema orofacial (5), sino que se conjugan para afinar aspectos relacionados con el desarrollo del balbuceo, favoreciendo la aparición de nuevos sonidos cargados de mayores rasgos sonoros de la lengua materna (13). Esta habilidad de especialización de los movimientos de la mandíbula y la lengua se estimulan no solo con la imitación y refuerzo de los padres, sino a través de la ejercitación de estos grupos musculares con la introducción de texturas y consistencias acordes a la edad de desarrollo de la escala secuencial de alimentación mencionada en capítulos anteriores. Son entonces el desarrollo motor orofacial y el lingüístico en su primera etapa de desarrollo del balbuceo, aspectos ampliamente complementarios.

Junto con las nuevas habilidades, el pequeño infante desarrolla paralelamente aspectos cognitivos que le permiten interpretar acciones, principalmente las que reflejan sus padres y/o cuidadores; es ahí cuando comprende lo trascendente que es la hora de la comida para el adulto y para sí mismo. Por eso es necesario que todo lo que enmarca el proceso de alimentación pueda convertirse en un espacio estimulante, dado que el sujeto lo vive en cuerpo propio, lo experimenta día a día, convirtiendo los momentos de desayuno, almuerzo y cena, en ricos laboratorios de estructuración del lenguaje. Los adultos, vinculados al contexto del ahora infante, deberían convertir estos momentos que atañen alimentos en espacios de estimulación de vocabulario y aspectos de contenido del lenguaje, un ejemplo sería ofertar las opciones de alimento y exigir respuestas, no importa de qué tipo, persuadiendo la intención comunicativa, que, aunque inducida, es válida en el proceso de estimulación.

Todo este factor estimulante fomemta un recorrido de desarrollo de habilidades en cuatro aspectos del lenguaje: **1. El aspecto semántico**, entendido como la parte de la lingüística que estudia el significado y la combinación de los componentes del lenguaje en palabras, frases o discursos que nutren de contenido un mensaje. **2. El morfosintáctico**, definido como el estudio del orden de las estructuras que componen una palabra y una oración. **3. El aspecto fonético fonológico**, que estudia los sonidos de una lengua, su producción física y sonora. **4. El aspecto pragmático**, entendido como aquel que estudia el uso del lenguaje en un contexto determinado (14).

## Capítulo 6: Comer también es Hablar.

Todos estos aspectos se desarrollan a partir de la puesta en marcha de muchos componentes endógenos[7] y exógenos[8], sin embargo, unos de los que muestran mayor énfasis son los de referencia y juego conjunto, en los cuales la interacción con su contexto lo llevará a imitar acciones que, en caso de la alimentación, se traducen en un enriquecimiento de nuevos sabores, colores y olores y que además, desde una perspectiva comunicativa fomente un recorrido que le permita alrededor de los 2 años cumplir con el reto de desarrollar un vocabulario de más de 300 palabras y un grupo de habilidades lingüísticas que maduren la forma de interacción con su entorno.

Posterior a ello y según Owens (13), en el explorador de 36 meses, la independencia que le ha dado el desarrollo de habilidades en su motricidad gruesa y fina, sumado a la estabilidad de su desarrollo motor corporal, le permiten al infante despertar mayor interés en buscar nuevas experiencias, como es el empezar a vestirse y comer solo. Allí inicia el desarrollo de habilidades pragmáticas como la toma de turnos en la conversación,

---

[7] Que se origina por causas internas.
[8] Que se origina por causas externas.

que, aunque aún debe aprender a respetar, le enseña que puede hacer parte de un acto comunicativo. Además, entiende que puede intervenir en decisiones de situaciones comunes a él, siendo capaz de resolver pequeños problemas como escoger el juego que desea realizar, la ropa que ha de usar o los alimentos que quiere comer, momento ideal para hacer uso de un vocabulario ampliado que ha debido aproximar a 1000 palabras, y permitirle participar de la mesa con la familia al mismo tiempo que participa de la conversación.

En esta etapa, el gran aliado del adulto es la imaginación, que, bajo una estructura coherente y cohesiva, puede llevar al niño a disfrutar de un juego simbólico en el que se ofrezca un mundo con gran fantasía. Es el juego simbólico entonces el protagonista del momento, propio para encajar en el marco de la alimentación, convirtiendo un plato de comida en una gran obra de arte, o sencillamentem en el clásico avioncito. Todo un momento lleno de sensaciones y conceptos significantes y que trascenderán.

Entonces resulta que un sándwich puede verse como un payaso, la porción de arroz verse como una

## Capítulo 6: Comer también es Hablar.

estrella de cualquier color, una manzana un dinosaurio, etc. Son muchos los colores, olores, sabores y formas para combinar, que además de estimuladores de la ingesta de alimentos, se convierten en actividades mediadoras para el desarrollo de habilidades cognitivas como el conteo, identificación de figuras geométricas, la relación de tamaños, concepto de opuestos como blando, duro, antes, después, primero y último, entre muchos otros que favorecen, además de su lenguaje, su memoria de trabajo.

Un gran ejemplo de ello es la estructura de una receta de cocina, hacer una gelatina de colores le permitirá entender que hay un grupo de ingredientes que deben organizarse en tiempo y espacio para combinarse y conseguir una consistencia ideal, le ayudará a experimentar con temperaturas, escoger el tamaño del recipiente para verter el líquido, cuantificar el tiempo para esperar el resultado final, entre muchas otras experiencias que podría combinar de acuerdo con su imaginación.

Entre los 4 y 5 años sus habilidades sociales se perfeccionan, y se convierten en grandes narradores de situaciones y vivencias, es el momento de la comida el espacio ideal para entablar conversaciones rodeadas de una situación familiar. Recuerde que, para el desarrollo de los aspectos del lenguaje, las primeras reacciones del adulto ante la intención comunicativa emitida por el niño son fundamentales (13). Es claro que para el ser humano los intereses del infante no son los mismos que los del adulto, por eso debemos exponer una carta de posibilidades atractivas al mundo fantástico de la infancia, que le permita ver como su entorno ofrece opciones positivas que le motivan a interactuar, ya sea de manera verbal o con el reflejo de lo importante de su opinión en el acto de crecer y vivir, incluyendo dentro de estas opciones actos comunes a la vida diaria como bañarse, jugar, estudiar y hablar a la hora de comer.

Cabe destacar también que existen temores naturales ante situaciones de rechazo a la comida, frases como "y si no come, "y si se enferma", "y si se lo quito y no quiere comer más", refiriéndose a la tablet, el celular, el televisor y el ipad, son muy comunes, pero que pasa si intentamos cambiar por: "y si le ofrezco una conversación interesante", "y si le ofrezco una opción en familia más agradable", "y si descubrimos sus intereses personales y los traemos a la mesa para hablar a la hora de comer?"

## Capítulo 6: Comer también es Hablar.

En ese orden de ideas, el niño desarrollará las habilidades de cada aspecto del lenguaje en la medida en que las experiencias que enfrente sean significativas. Son los padres quienes se convierten en los proveedores de estas experiencias y quienes, a través de la relación parental, pueden mediar de una manera muy especial y relevante el sentido de aprendizaje de cada situación en la que compartan con ellos.

En tiempos de redes sociales, obligaciones laborales, horarios ajustados y responsabilidades económicas por cumplir, la rutina del diario vivir hace estimar prioridades que llevan a muchas familias a transitar por caminos de lo práctico y rápido, pero no eficiente para el desarrollo de habilidades lingüísticas alrededor de experiencias familiares y que se deben desarrollar en ambientes naturales como la hora del almuerzo o la cena. Espacios valiosos para compartir momentos importantes que permitan el desarrollo de habilidades sociales, emocionales e incluso lingüíisticas y cognitivas.

# CAPÍTULO 7

## Chupón y biberón: mitos y realidades.

Simone Colina Ariza[9]

En la actualidad, pasar tiempo en casa con los hijos en cada vez más difícil, por ello, se ha evidenciado la modificación en la práctica de la alimentación infantil, tales como disminuir el tiempo de la Lactancia Materna Exclusiva (LME), incluir herramientas como el chupón o el biberón, prolongar la alimentación pastosa, entre otras.

Sin embargo, no estamos aquí para adorar o satanizar ideas, ni para adoptar posturas radicales, sino por el contrario para abrir todo un abanico de posibilidades cuando del bienestar del bebé se trata.

En este caso abordaremos un tema un poco controversial, el uso del biberón/tetero y del

---

[9] **Fonoaudióloga,** Diplomada en Alteraciones funcionales estomatognáticas y Disfagias. Certificada en VitalStim Therapy. Certificado nivel 1 en Técnica DIR/Floortime. Email: simonecolinaariza@gmail.com

chupo/chupón. No es un tema nuevo, existe evidencia científica que soporta el uso de estos instrumentos pacificadores desde hace más de dos mil años, en distintas formas y tamaños, bajo una misma función, "disminuir el estrés en los niños"; eran diseñados específicamente para -rellenarse- de sustancias azucaradas u otros alimentos atractivos para el menor. Sin embargo, aunque son consideradas herramientas ancestrales, en la actualidad se ha incrementado de manera deliberada el uso de estos instrumentos en los niños, hasta convertirlos en parte de su rutina, sustentando la utilización en múltiples factores, en especial contextuales.

Se desarrollará este capítulo otorgando principal importancia a la prevención, dado que la mayoría de los casos con respecto al uso inadecuado de pacificadores o biberones, desafortunadamente llegan a consulta cuando se han convertido en "**hábitos nocivos**"[10], es decir, cuando la frecuencia, intensidad, duración e incluso la edad en la

---

[10] Son acciones habituadas, repetitivas, que se tornan inconscientes y se ejecutan de manera automática. Se denominan nocivos porque generan cargas y desequilibrios musculares.

## Capítulo 7: Chupón y biberón: mitos y realidades.

que se inició la actividad no fisiológica[11], han repercutido significativamente en la estructura y la función.

Este planteamiento no quiere decir que todo hábito de succión no fisiológica genere una alteración en la función o estructura oral, sin embargo, procesos investigativos nos han dejado describir que existe una mayor probabilidad de generar errores de desarrollo funcional oral cuando se utilizan acciones no fisiológicas en el desarrollo.

En la actualidad hay muchos estudios que relacionan los hábitos de succión y la predisposición al desarrollo de maloclusiones dentales. Por ejemplo, los niños con el hábito de succión digital, así como aquellos con bajas tasas de lactancia materna, son más susceptibles a la sobremordida o de mordida abierta anterior. Lo mismo sucede con los niños habituados a succionar chupón (también llamados chupetes de entretención), biberón o los que desencadenan el hábito de la respiración oral (36).

---

[11] Entendido como actos orales que no tienen un sentido fisiológico real, como alimentar o nutrir. Son por ejemplo la succión digital, el uso frecuente del chupón, mordedura de labios u objetos, etc.

## Simone Colina Ariza

Las características del proceso perfilan a los padres como guías, siendo ellos quienes proveen el chupón o el biberón al niño; además, administran inicialmente la frecuencia y el tiempo de exposición al instrumento. Si es así, coincidimos en que la educación deberá ser enfocada directamente a ellos, a los padres, con el fin de disminuir la incidencia de sus actos en las alteraciones del complejo orofacial y toda posible repercusión en la calidad de vida de los niños.

También, es importante resaltar la concientización dirigida a los profesionales de la salud, como veedores del proceso de desarrollo de los infantes, estableciendo procesos de prevención y diagnóstico temprano para disminuir muchas prácticas nocivas fomentadas por padres, quienes ignoran sustancialmente la dinámica de los procesos normales.

Con la ilusión de apoyar a aquellos padres que necesitan una guía, iremos confirmando o desmintiendo algunos de los principales supuestos alrededor del uso prolongado del chupón o del biberón y su influencia significativa en el desarrollo de funciones propias del

## Capítulo 7: Chupón y biberón: mitos y realidades.

proceso alimenticio, basando los postulados en la experiencia teórica y práctica como profesional.

**¿El uso prolongado del chupón o el biberón tiene relación con el desarrollo de policaries?**

**Sí.** La Amercian Dental Asocciation (ADA) describe la posibilidad de presencia de caries por el biberón, producidas inicialmente en las superficies lisas de los incisivos centrales superiores, pero que posteriormente otros dientes podrían verse afectados también, factor poco probable en circunstancias normales (37).

**¿Cómo la prevenimos?** Es muy importante que los padres sepan qué deben limpiar los dientes tras la ingesta del biberón y que, en ningún caso, el bebé se acueste sin haberse realizado una buena higiene bucal. Otra de las recomendaciones es limitar el consumo de sacarosa entre las comidas y no utilizar sustancias con potencial cariogénico elevado (miel, azúcar, leche condensada, mermelada, etc).

## ¿El uso del chupete y del biberón se asocia con la disminución y menor duración de la lactancia materna?

**Sí**, definitivamente. Los profesionales de la salud defendemos y reiteramos los beneficios de la LME durante los primeros seis meses de vida y promovemos su continuidad hasta los doce meses, claramente si la mamá y el bebé así lo desean. Sin embargo, las cifras no son alentadoras, en los países de bajos y medianos ingresos el panorama es mucho más desolador. Mundialmente, solo el 40% de los niños menores de 6 meses reciben lactancia materna exclusiva (38); es importante tener presente que, si fueran amamantados el 100%, cada año se salvarían unas 820.000 vidas (39).

El uso del biberón ha reemplazado la lactancia materna, no solo como medio nutricional sino también como efecto pacificador. Es importante que los padres sepan, en el caso de decidir incluir un chupón a la vida del bebé, que preferiblemente se deberá hacer después de que la lactancia materna se encuentre bien establecida (entre la tercera y cuarta semana de nacimiento). Exactamente, lo mismo pasa con el biberón y la inclusión de fórmulas

## Capítulo 7: Chupón y biberón: mitos y realidades.

alimenticias en la dieta del bebé, pues la mayoría tiende a rechazar el seno de la madre en cuanto inician el proceso de alimentación con el biberón, es por ello que se recomienda incluirlo solo si es estrictamente necesario para la salud del bebé, por ejemplo, para la ganancia de peso.

Si se define un proceso diferente, incorporar métodos como el biberón a la vida de los bebés antes de que la lactancia materna esté bien establecida, posiblemente el bebé disminuya o rechace por completo el consumo de la leche materna debido a que la dinámica para amamantar es completamente distinta a la realizada en la succión del chupón o el biberón, incluso, esta última se lleva a cabo con menores esfuerzos, lo que representa menor desgaste y exigencia; para poder sacar leche a través del pezón la técnica que usa el bebé es lenta, profunda, coordinada y rítmica. Por otro lado, para satisfacer su necesidad de alimentación a través de la succión del biberón, depende de las características del utensilio, de las modificaciones que hayan hecho sus padres o cuidadores y de la cualidad de la consistencia recibida. Desde todo punto de vista, debe entenderse este proceso como de fácil ejecución, pero no como el que más estímulos de crecimiento aporta. Una vez establecida la succión de biberón, será difícil volver a la dinámica fuerte y exigente de la succión de pecho.

**¿Existen chupones adaptados anatómicamente para no generar consecuencias a futuro?**

**No,** el chupón perfecto no existe. La acción continua de succión sin alimentación, sin sentido fisiológico real, generará hiperfunción muscular y pérdida innecesaria de energía motora, sin importar la forma o estructura del chupo que se use. Esto llevará a sobrecargas y a que se generen parafunciones[12] en el sistema orofacial.

Entonces simplemente hablaremos del chupón seguro, ese que en caso de ser necesario recomendaría un profesional a los padres de familia. Lo primero que se debe tener en cuenta para la utilización de un chupón es que sea de una sola pieza, debido a que la succión del niño puede llegar a ser tan fuerte que podría sacar el chupo del soporte y provocar asfixia o atragantamiento.

---

[12] Definidas también como malos hábitos o hábitos orales no fisiológicos.

## Capítulo 7: Chupón y biberón: mitos y realidades.

Otra de las recomendaciones es que el soporte cuente con la flexibilidad suficiente (sin aumentar riesgo de asfixia) para no generar traumatismos o laceraciones en la cara del niño debido al frecuente rose con la piel, o en caso de caerse con el chupo en la boca, no provoque daños en las estructuras dentales o encías.

También, es preferible que cuente con orificios anti-ahogos para permitir que se genere dinamismo en la respiración del niño; así como un anillo para maniobrar fácilmente en caso de atragantamiento.

### ¿El chupón puede causar úlceras orales?

**Sí.** Debido al efecto traumático ocasionado por el uso intenso de chupón o del biberón pueden producirse laceraciones o úlceras en la cavidad oral, siendo más frecuentes las que se ubican en el paladar (40), también puede llegar a infectarse en casos más severos, pudiendo aparecer secreciones purulentas y fiebre. Cabe mencionar, que la aparición de úlceras en la cavidad oral disminuye significativamente el apetito en el menor, debido al dolor experimentado mientras se alimenta, lo que hace aún más importante su prevención.

**¿Es mejor que succione su pulgar que un chupón?**

Técnicamente **no**, la respuesta debería ser ninguno, pero no es un secreto que cuando el niño ha instaurado un hábito de succión, difícilmente podríamos dar este tipo de respuesta. Existen estudios que demuestran que hay mayores deformidades dentales y desarmonía orofacial cuando existe el hábito de succión digital. Por lo cual, si hay que decantarse por uno de los dos, que sea por el chupón. Además, hay que tener en cuenta que la succión digital utiliza uno o varios dedos para recrear el hábito y a diferencia del chupón, el dedo no puede esconderse o guardarse. Si definitivamente el niño desencadena el hábito de succión, el chupón sería el más fácil de trabajar para erradicar, dado que permite una intervención directa de los padres, quienes pueden mejorar los tiempos en los que el niño pueda ejecutar su mal hábito.

**¿Ignorar los hábitos de succión es la mejor estrategia para erradicarlos?**

Ocasionalmente el hábito de succión podría desaparecer por sí solo, sin embargo, es importante

## Capítulo 7: Chupón y biberón: mitos y realidades.

detectar el inicio de la conducta para maniobrar una serie de estrategias que intenten prevenirlo. Una de las mejores recomendaciones que podremos dar a padres de familia es mantener al pequeño con las manos ocupadas en actividades de su preferencia. Tengamos en cuenta que el hábito lo hace la repetición y que, al inhibir la aparición de la acción, entonces inhibiríamos la instauración del hábito.

**¿Se debe poner un chupón a todos los recién nacidos pretérmino?**

**No.** Los chupetes son facilitadores para la maduración del reflejo de succión, especialmente en los niños que han sido alimentados por sonda nasogástrica debido a inmadurez neurológica. En este caso, la función central del chupón sería enseñar al bebé una succión más dinámica y organizada, acelerando la transición a una alimentación por vía oral. Sin embargo, esta misma función puede ser establecida terapéuticamente por el profesional de fonoaudiología, en apoyo con el amamantamiento.

En sujetos pretérmino, también podría ser usado como una estrategia preventiva cuando de aliviar el estrés se trata, más en aquellos pequeños sometidos a tratamientos invasivos y dolorosos, ya que el chupón tiene un visible y claro efecto pacificador. Es importante resaltar que ayuda a calmar el llanto, pero no algunos otros factores fisiológicos de estrés que continúan apareciendo aún cuando el niño usa el pacificador.

Sin embargo, en caso de que el bebé no presente alteraciones en la succión o complicaciones subyacentes que le impidan a la madre amamantarlo, la primera opción para calmar el estrés sería la lactancia materna, lo que otorga a los padres la necesidad de comprender los procesos de fomento y desarrollo de la alimentación y la lactancia.

**¿El chupón desarrolla la aparición de maloclusiones?**

Rotundamente **sí**. El chupón es considerado como uno de los principales causantes de la mordida abierta anterior y mordida cruzada posterior. La dinámica de acción de estas malformaciones dentarias a causa del mal hábito de succión responde a que el chupón (también pasa con el biberón o con el dedo) ocupa un espacio dentro de

*Capítulo 7: Chupón y biberón: mitos y realidades.*

la boca, suplantando la posición normal de la lengua y generando una fuerza continua de presión contra el paladar, factor que desencadena un crecimiento palatino vertical que no permite el ensanchamiento de la arcada superior y minimiza el espacio de alojamiento de cada estructura dentaria. Es una cadena de acciones que representan una falla de desarrollo generada por el mal hábito de succión. Completamente prevenible bajo la explicación de fomento del hábito. Es decir, la **repetición** inicial de llevar el chupo a la boca, de usar frecuentemente el biberón o permitir el acto de chupar el dedo, son los factores que predisponen la aparición del hábito, el cual podría inhibirse inicialmente si no se permitiera la repetición constante de la acción.

Es necesario precisar, que muchas de las maloclusiones se encuentran directamente relacionadas con alteraciones en la producción de sonidos del habla, por ello, es posible que un niño que ha prolongado malos hábitos de succión posterior a los 24 meses tenga dificultades para completar su cuadro fonético y fonológico.

## ¿El chupón puede generar infecciones orales?

Claro que **sí**. El manejo de limpieza del chupón es muy difícil con los niños debido a que frecuentemente el chupón cae al piso, se guarda en lugares sucios o es manipulado de manera constante con las manos, luego devueltos a la boca del bebé sin la adecuada desinfección.

En la mayoría de los casos no es necesario un tratamiento médico, quitar el objeto contaminante y trabajar en eliminar el hábito deberá resolver la infección si se actúa de manera oportuna.

Los mitos y las realidades alrededor del chupón o el uso excesivo del biberón son múltiples, adaptados a cada caso o modalidad en que se emplee o desarrolle el mal hábito. Sin duda, los padres son unos entes articuladores de importancia para el manejo y erradicación del problema; en cualquier caso, apóyese de los profesionales y tenga en cuenta que la lactancia materna será siempre el mejor vehículo para el desarrollo psicoemocional, anatómico y funcional del lactante.

Si su realidad obliga la utilización del chupón o el biberón, no se preocupe, pero recuerde que su uso debe ser

*Capítulo 7: Chupón y biberón: mitos y realidades.*

esporádico, poco frecuente, y de preferencia transitoria, con el fin de no establecer dependencia y hábitos nocivos.

# CAPÍTULO 8

## Alimentarse o no: cuando la dificultad está en el cuerpo.

Judith Elena García Manjarrés[13]

El psicoanálisis diferencia tres conceptos. Ellos son: necesidad, demanda y deseo. De esta triada se sirve para proponer algunas teorizaciones con respecto a la vida humana y la forma como el sujeto se estructura psíquicamente, incluso desde antes de nacer. Supone también que el ser humano preexiste desde antes de su llegada al mundo, pues él precede su nacimiento ocupando un lugar en el registro imaginario de los padres. Una vez que este llega al mundo, es recibido por el baño materno y por el baño del lenguaje.

---

[13] **Psicoanalista**. Magíster en Psiconeuropsiquiatría y Rehabilitación, Especialista en Psicología Clínica, Psicóloga, Universidad Metropolitana. Investigadora de los Grupos DEHUMS y CEPUM de la Universidad Metropolitana. Barranquilla, Colombia. Correo: judithelena16@unimetro.edu.co

## Judith Elena García Manjarrés

A partir de las caricias de la madre, de su mirada y por supuesto de sus palabras, que vienen a inaugurar el lenguaje del niño, él conocerá el mundo. Es decir, el infans sabrá inicialmente del mundo, a través del cuerpo de la madre, es ella quien inicialmente dará paso al lenguaje, a los significantes, que marcarán para siempre la historia de un sujeto. Y es ella también, quien inicialmente abrirá el paso para que su hijo pueda transitar de la necesidad, a la demanda y posteriormente al deseo. Es la madre quien agencia ese paso pues ella, hace del grito inicial del niño, un llamado y lo significa (16), (35). Se escucha decir comúnmente a las madres 'tiene hambre', 'tiene sed', 'llora porque tiene frio', 'me extraña', etc. Y, todas esas interpretaciones que hacen ellas pone a operar el mundo de los significantes, el del lenguaje y también agencian el paso de la necesidad a la demanda. Es la madre quien, con su interpretación del llanto, del grito, de su hijo y su respuesta a los mismos, hace de ese grito y de ese llanto algo que empieza a enmarcarse en el plano de lo que el niño demanda. De ahora en más, el niño llora y/o grita y la madre asiste o no ese llanto (16), (35).

## Capítulo 8: *Alimentarse o no: la dificultad en el cuerpo.*

Así, no se trata solo de satisfacer una necesidad, sino que, en el ser humano, con tal cosa, no se agota lo que se pide. Es decir, lo que inicialmente era necesidad – hambre, sed, sueño, etc. – pasa al plano de poder demandarse a voluntad del infans y que la madre acceda o niegue tal cosa. Esto, posteriormente va a permitir la puesta en marcha del deseo, toda vez que la demanda al encontrar su aparente satisfacción o no, pone en juego también la frustración, lugar en el que se enmarca para el sujeto por venir, la posibilidad de desear. En otras palabras, podría decirse que el sujeto, desde sus primeros años, descube que si bien la necesidad es posible satisfacerla, no ocurre lo mismo con la demanda y el deseo, toda vez que estos últimos, operan regidos por leyes referidas al psiquismo y al vínculo primario – con la madre – y necesariamente al cuerpo que a su vez no es posible equiparar al organismo, pues "(…) el cuerpo como construcción posible para el humano, implica la vivencia de experiencias previas de satisfacción y la existencia en él de huellas mnémicas dejadas por esa satisfacción (…)" (24).

*Judith Elena García Manjarrés*

Si el sueño, la sed, la respiración y el hambre aparecen inicialmente para el humano en el orden de la necesidad, ellas posteriormente se inscriben en la demanda y el deseo. Quiere decir lo anterior que, en ellas, aparece algo ligado a un más allá posible de la necesidad, lo que indica que no bastaría para el sujeto sólo con dormir, saciar la sed, respirar y/o comer, sino que, pese a que tales actos se lleven a cabo, la satisfacción de ellos no agota nunca su existencia. No resulta suficiente con comer, sino que ahora puede aparecer el 'tener antojo de', 'querer algo especial', 'que no sea lo mismo de ayer', incluso a veces 'lo mismo de hace unos días', o por el contrario 'no saber que comer'; todos ellos son decires populares que indican que particularmente, el asunto del comer para el sujeto, encuentra su soporte no solamente en un organismo sino también en un cuerpo que ha sido afectado por la presencia de las palabras y sobre todo, por el lazo que se establece con el otro, particularmente el lazo primario, a saber el que un sujeto tiene con su madre (16), (35).

Desde el Psicoanálisis entonces el asunto de la alimentación y los trastornos referentes a ella, en los que el sujeto come de manera devoradora o, por el contrario,

## Capítulo 8: Alimentarse o no: la dificultad en el cuerpo.

deja de comer y/o su ingesta de alimentos es muy escasa no se piensan propiamente como una patología, sino que ellos operan como un viraje respecto de la normalidad y, es ese giro el que se busca replantear. Tal cosa desde una postura estructural que no se agota con la fenomenología sintomática propia del paradigma biologicista. Es decir, se trata de ubicar desde un lugar de escucha y responsabilidad a ese sujeto que aparece anclado a momentos difíciles de la vida, momentos que generalmente son posibles de ubicar en tiempos infantiles y adolescenciales que el sujeto ha pasado y que en todo caso guardan estrecha relación con los modos de respuesta del humano frente a la existencia, más aún cuando el sujeto debe asumirse como responsable de su vida.

Si bien, un niño no puede responder de manera civil por el mismo, sino que tal cosa está garantizada por la tutela del otro, generalmente los padres; no es menos cierto q a nivel de su síntoma, un niño si es "un sujeto cabal" (33) que "se encuentra en posición de responder a lo que hay de sintomático en la estructura familiar" (33). Esto implica que si bien el asunto de alimentarse o no, puede aparecer en ocasiones como un síntoma que refiere al andamiaje psíquico inconsciente, no por ello esto deja de lado la posibilidad de que ese síntoma hable de otra cosa, se encuentre incluso en relación al vínculo con el otro, en el caso particular del niño, al vínculo con los padres pues son ellos quienes aparecen como lugar de transmisión en la función subjetiva. Es la familia, inicialmente los padres quienes posibilitan al niño aquello que "implica la relación con un deseo que no sea anónimo" (33).

Es cierto que para un adolescente y/o un adulto joven o no, es posible generalmente decir en palabras aquello que le pasa psíquicamente, empero eso no implica que él sólo lo pueda resolver, toda vez que el síntoma aparece necesariamente como algo que muestra sobre el acontecer psíquico, pero que paradójicamente, al mismo tiempo vela algo de ese mismo acontecer. Dicho de otro modo, el síntoma intenta mostrar lo mismo que vela, opera desde un lenguaje cifrado, inconsciente (21) "equivalente al del enigma" (35). Es por ello que se requiere entonces un lugar de escucha diferente donde el sujeto, desde ese "saber que no se sabe" (23) pueda dar cuenta de que aún con su síntoma, es "el protagonista de su historia" (19).

## Capítulo 8: Alimentarse o no: la dificultad en el cuerpo.

Las dificultades sintomáticas que aparezcan entonces referidas a la alimentación bien sean en la vida infantil o en la vida adulta de un sujeto, no sólo dan cuenta de modos de respuesta de sujetos frágiles, sino que ellas para el Psicoanálisis también dan cuenta de aquello que del sujeto está ligado al vínculo con el otro, particularmente al vínculo primario, ese que desde la infancia un sujeto establece con su madre.

Es ella quien aparece inicialmente como madre nutricia, es ella quien da o niega el pecho y con él otorga o deniega la posibilidad de alimentarse pues el hijo, como todo humano, y "(…) es un animal de nacimiento prematuro" (32). Es claro entonces que no hay nadie de quien el infans dependa más que del deseo de ella, de la madre, "madre que dice, madre a quien se pide, madre que ordena y así instituye la dependencia del niño" (34), sin embargo, el deseo de ella puede estar impregnado por una ley caprichosa y esto, no transcurrirá sin efectos sobre su hijo.

Dicho lo anterior de otro modo, ella signa al hijo con mandatos, se escucha decir 'te lo comes todo', 'no puedes dejar nada', 'cocine para ti con mucho cariño', 'si no terminas no te levantas de la mesa', etc., y estos decires, no transcurres sin repercutir en lo que el infas registra psíquicamente. ¡Habrá así, el que obedezca y 'se coma todo', aquel que 'deje un poquito' y tampoco faltará aquel que haga consultar a los padres y decir 'Dr. Mi hijo no quiere comer!' o aquel que después de la ingesta vomite o durante la alimentación haga vascas y/o se 'ahogue'. Todas ellas, respuestas diferentes del sujeto y, generalmente sintomáticas frente al mandato proveniente de la madre.

Así, es viable entonces señalar que el asunto de las dificultades con la alimentación que un sujeto pueda presentar, conlleva consigo necesariamente algo de la subjetividad que le es propia al humano y, que lo envuelve desde lo más profundo de su ser, desde lo más primario, es decir, desde el vínculo que él ha establecido con su propia madre.

Que tal cosa esté teñida de subjetividad, comporta una elección del sujeto. Puede decirse quizá una elección forzada, pero que en todo caso ella compromete el deseo y, por esta razón frente a las dificultades con la

## Capítulo 8: Alimentarse o no: la dificultad en el cuerpo.

alimentación, la ciencia positivista que enmarca generalmente algunas disciplinas de la salud encuentra tropiezos frente al sujeto que padece trastornos alimenticios. Pues si tales disciplinas suelen pensar la presencia o ausencia de los trastornos referidos a signos, síntomas y datos estadísticos que conforman la prevalencia de los mismos, no es menos cierto que ello deja de lado la subjetividad presente en los problemas de un individuo con respecto a la alimentación.

Dicho lo anterior y para reiterar, si bien es claro que hay que trabajar tal cosa desde las disciplinas que se ocupan de estos trastornos, a saber, medicina con sus especialidades, fonoaudiología, etc., no puede pensarse en su abordaje olvidando que el deseo del paciente está necesariamente comprometido con su síntoma y que esté último algo del primero nos revela. Será menester entonces escucharlo y reconducirlo, pues finalmente es el deseo del sujeto el que permitirá también que la vida encuentre otro sentido y así mismo, es el que posibilitará que los anclajes del sujeto al vínculo primario – con la madre – emerjan de una manera diferente que no conlleve consigo los peligros que pueden traer las dificultades con la alimentación.

Si aquel que no come prefiere morir de hambre, así como aquel que come demasiado prefiere morir atragantado, no basta sólo con pensar que esto es una 'pataleta' o un 'capricho', tampoco que se está satisfaciendo una necesidad, pues justamente aquel que no come, da cuenta con su síntoma que, frente al pedido del otro, a saber, el mandato del 'comer' elige no complacer tal demanda, 'no darle el gusto', es decir no saciar la demanda de aquel que ocasionalmente puede sentir como voraz.

Esta cuestión de la voracidad - no necesariamente referida sólo a la alimentación-, es algo que se ha dibujado en el día a día de todo ser humano cuando algunas veces los familiares de un sujeto prodigan cuidados desbordados en nombre del amor.

Así, el cuerpo en el que la alimentación o la falta de ingesta de alimentos tiene su sede, aparece en riesgo cuando alguno de estos dos asuntos es llevado al extremo. Dicho de otra forma, si la ingesta de alimentos es desbordada el cuerpo del sujeto no sólo perderá sus formas

## Capítulo 8: Alimentarse o no: la dificultad en el cuerpo.

'naturalmente biológicas', sino que no tardarán en aparecer otros síntomas que ponen en riesgo lo que se persigue esté sano, a saber, el organismo. Por otro lado, si hay ausencia de poder alimentarse, el sujeto también enferma. Es decir, el asunto de las dificultades alimenticias pone de plano necesariamente la angustia del humano frente a la muerte.

No podría afirmarse que un humano que presente problemas alimenticios lo hace como se escucha popularmente 'por querer llamar la atención'. Esta hipótesis a todas luces resulta insuficiente, dado que la alimentación, se ha dicho ya, es un acto cargado de afecto, un acto que el sujeto toma en principio del campo del Otro[14] y que aparece referido al Otro. Va entonces en el orden del amor, una demanda al Otro que se lleva en la carne. Enseña Lacan (31) "la demanda es en el fondo

---

[14] En Psicoanálisis, se diferencia el otro minúscula del Otro escrito con mayúscula. El primero hace referencia al semejante, a "un reflejo y proyección del yo (…) inscrito totalmente en lo imaginario (…)" (15). El Otro, con mayúscula se refiere a lo "particularizado para cada sujeto" (15), al lenguaje y a aquello que está "más allá del propio control consciente" (15), así: "Es la madre quien primero ocupa la posición del gran Otro, porque es ella quien recibe el llanto y los gritos primitivos de la criatura y retroactivamente la sanciona con un mensaje particular" (15).

demanda de amor", entendiendo que la demanda (…) "Es lo que de una necesidad, por medio del significante dirigido al Otro, pasa" (35). Esto es, pasa por el lenguaje, pasa por las palabras, pasa también por el deseo, que en principio viene del campo del Otro.

Es decir, las dificultades en torno a la alimentación, cuando no están referidas a lo orgánico y esto ha sido descartado y éllas aparecen en relación con lo sintomático, ponen de plano lo más particular del humano. Esto es el deseo y con ello el vínculo con los objetos amorosos. En esa dualidad de amor y deseo, se juega el sujeto la vida y la muerte.

Emerge entonces lo que está a la vista, aunque a veces no pueda escucharse. Si la pregunta que estructura el psiquismo está necesariamente referida al Otro, toda vez de que él dependemos inicialmente, lo que se demanda entonces también lo está. En tanto el sujeto se juega la vida y la muerte la pregunta estructural de ¿qué me quiere el Otro?, aparece también con un giro ¿puede perderme el

## Capítulo 8: *Alimentarse o no: la dificultad en el cuerpo.*

Otro?, como intento de evidencia que ese Otro inicial también está en falta[15]. Se trata entonces del lado de aquel que padece las dificultades alimenticias de una pregunta que dirige al Otro, de la búsqueda de una respuesta referida al amor, que también hace evidente la angustia frente a la muerte, que se muestra en el cuerpo sobrealimentado y/o desnutrido, pero en todo caso no 'balanceado' que es lo que propone el paradigma de las ciencias de la salud (20).

Se evidencia así la angustia frente a la posibilidad de ocurrencia de aquello de lo que no se quiere saber, esto es la presencia de la muerte. Lo había afirmado Freud (17) cuando postula "(…) en el fondo, nadie cree en su propia muerte, o, lo que viene a ser lo mismo, en el inconsciente cada uno de nosotros está convencido de su inmortalidad".

Es decir, la puesta en escena de las dificultades con la alimentación que un sujeto pueda presentar, cuestionan entonces la falta del Otro, parecen marcar un rechazo a él, donde 'comer nada', 'atragantarse hasta vomitar' o 'comer

---

[15] En la enseñanza lacaniana, la falta es un concepto que "siempre está relacionado con el deseo" (15), también con los significantes, al lenguaje y "es constitutivo del sujeto" (15).

en exceso' ponen en evidencia que alienarse al deseo del otro, para un sujeto puede resultar estragante, horroroso y por ello resulta mejor afectar – de manera inconsciente y forzada - el cuerpo, toda vez que la piel pone una barrera y el cuerpo permite un límite entre un sujeto y otro (25) y con ello impide el acercamiento total al Otro que tanto horroriza.

La presencia de las dificultades alimenticias que un sujeto, niño o adulto pueda presentar, como fenómeno clínico y cuando no están causadas por la organicidad dan cuenta entonces de aquello que gira en torno a lo sintomático y frente a lo que se hilan distintos saberes, médicos, fonoaudiólogos, nutricionistas, psicólogos, entre otros señalan un saber hacer sobre ese síntoma. Posturas todas, generalmente dirigidas a que quien padece las dificultades alimentarias pueda, por decirlo así, 'autoregularse de manera saludable' y empiece a ingerir, deglutir y digerir los alimentos sin dificultad y con el propósito de alcanzar la salud.

Lo anterior ocurre en ocasiones, dejando de lado aquello que el Psicoanálisis privilegia en el abordaje de todo aquel que consulta, a saber, la palabra del sujeto, el

## Capítulo 8: *Alimentarse o no: la dificultad en el cuerpo.*

deseo del mismo, lo referente al amor, pero también a eso que comporta lo insoportable. Esto es, que no hay garantía de nada ni tampoco encuentro posible a modo de fusión entre sujetos, no se puede hacer de dos humanos uno (30), si esto ocurriése, se estaría incluso más cerca del horror pues conllevaría a 'haber sido devorado por el Otro'. Las dificultades de la alimentación que puedan presentarse en un sujeto, habrá que pensarlas de manera solidaria frente al horroroso que resulta ser 'devorado por el Otro' y también frente a la respuesta que un sujeto incorpore frente al deseo que viene de ese Otro.

El síntoma de comer nada o comer en exceso estará relacionado necesariamente con el contexto social en el que actúa el sujeto (18). Si bien, tal síntoma está referido a lo pulsional[16] (31) del sujeto – sea este niño o adulto -, no puede pensarse que él no está también marcado por las

---

[16] El término pulsión es propuesto por Freud, como algo propio del sujeto y diferente al instinto. La pulsión se entiende como:

> un proceso dinámico consistente en un empuje que hace tender el organismo hacia un fin. Según Freud, una pulsión tiene su fuente en una excitación corporal (estado de tensión); su fin es suprimir el estado de tensión que reina en la fuente pulsional; gracias al objeto, la pulsión puede alcanzar su fin (22).

coordenadas que en el lazo social un sujeto establece con el Otro y también por lo que de la sociedad y la cultura se le impone al sujeto.

Lo anterior, en relación con que, si en la contemporaneidad se exigen figuras delgadas, es pertinente explorar en que momento tal ideal 'estar delgado(a)' que aparentemente no supondría mayor dificultad, empieza a presentar dificultades. Es en este sentido que se empieza a entender para las dificultades con la alimentación, la influencia de la cultura en el sujeto, pues él, trenzará tal cosa con su propia historia y también con sus necesidades pulsionales. El cuerpo entonces, que deviene flaco o gordo, muestra en sus huesos y su carne respectivamente lo siniestro de tal ideal y con ello, la presencia constante del peligro de muerte.

En esta vía, enseña el Psicoanálisis que si para gozar hace falta un cuerpo (30), es precisamente ese cuerpo, con el que el propio sujeto que lo porta no aparece totalmente convergente con él pues desde que el hablanteser está inmerso en el lenguaje, el cuerpo está afectado por el, por lo tanto, es un cuerpo en relación al Otro y al otro. Un cuerpo que emerge como construcción

## Capítulo 8: Alimentarse o no: la dificultad en el cuerpo.

(30), como acontecimiento del entramado social y desde allí, es leal o rebelde a los mandatos de esa cultura, cuerpo que comporta en el él el discurso social. El grupo cultural va enseñando entonces cómo cuidarlo, cómo vestirlo, cómo moverlo, qué, cómo, cuándo y dónde darle de comer. Es el cuerpo de la cultura y la civilización al que paralelo a él se teje también en el uno por uno de los sujetos el cuerpo de lo sintomático, que no por aparecer en solitario aparece desligado del Otro, pues de aquel campo – el del otro -, viene. Si bien, puede advenir rebelde y contrario a la colectivización y a los estándares establecidos, es ese justamente muchas veces el cuerpo de aquel que consulta y que hace escuchar de manera constante en los consultorios los consabidos 'no sé qué le pasa', 'sólo come chucherías', 'come exageradamente' o en su defecto: 'no quiere comer'.

# BIBLIOGRAFÍA

1. Prácticas parentales, alimentación saludable y medidas objetivas de composición corporal en la niñez preescolar. Rodríguez, G y Ramírez, N. 122, Connecticut: s.n., 2017, Actualidades en Psicología, Vol. 31, págs. 61-73.
2. Prácticas de alimentación de los padres y conductas alimentarias en niños: ¿Existe información suficiente para el abordaje de los problemas de alimentación? Castrillón, I y Giraldo, O. 1, Medellín : s.n., Enero-Junio de 2014, Revista de Psicología, Vol. 6.
3. Influencia de las funciones y parafunciones en el crecimiento y desarrollo craneofacial. Zaffaroni, A y Fiorestti, H. 1, Montevideo : s.n., Marzo de 2010, Actas Odontológicas, Vol. 7, págs. 15-30.
4. Función motora oral del lactante como estímulo de crecimiento craneofacial. López, Y. 74, Bogotá : s.n., Ene-Jun de 2016, Univ Odontol. , Vol. 35, págs. 127-139.
5. Chiavaro, N. Funciones y Disfunciones Estomatognáticas. Buenos Aires: Akadia, 2011. Vol. 1.
6. Swallowing analyses of neonates and infants in breastfeeding and bottle-feeding: impact on videofluoroscopy swallow studies. Hernández, A y

Bianchini, E. 3, Rio de Janeiro: s.n., 2019, International Archives of Otorhinolaryngology, Vol. 23.

7. Ghrelin. Müller, T & cols. 6, marzo de 2015, Molecular Metabolism, Vol. 4, págs. 437-460.
8. Martínez, C y Pedrón, C. Valoración del estado nutricional. Asociación Española de Pediatría. Valencia : s.n., 2018. págs. 313-318.
9. Baby-Led Weaning: The evidence to date. . Brown, A, Jones, S y Rowan, H. 2, Apr de 2017, Current Nutrition Reports, Vol. 6, págs. 148-156.
10. Organización Mundial de la Salud (O.M.S.). La alimentación del lactante y del niño pequeño: Capítulo Modelo para libros de texto dirigidos a estudiantes de medicina y otras ciencias de la salud. Washington : Minimum graphics, 2010.
11. Regulación de la ingesta alimentaria y del balance energético: factores y mecanismos implicados. González-Jiménez, E y Schmidt, J. 6, 2012, Nutrición Hospitalaria, Vol. 27, págs. 1850-1859.
12. British Nutrition Foundation. British Nutrition Foundation. https://www.nutrition.org.uk/. [En línea] 2018. https://www.nutrition.org.uk/attachments/article/11 93/Find%20your%20balance_%20full%20portion%20size%20list.pdf

13. Owens, R. Desarrollo del lenguaje. [ed.] Pearson-prentice hall. 5a Ed. . s.l.: Pearson, (2003). (J. L. Posadas,.
14. Acosta Rodriguez, V. Dificultades del lenguaje en ambientes educativos. Barcelona: MASSON, S.A., 2005.
15. Evans, D. Diccionario introductorio de Psicoanálisis lacaniano. s.l. : Paidós. (1996).
16. Freud, S. Tres ensayos de teoría sexual. Obras Completas Volumen 7. Argentina: Amorrortu Editores, 1905, págs. 109 – 224.
17. —. De guerra y muerte. Temas de actualidad. Obras completas Volumen 14. Argentina: Amorrortu Editores, 1915, págs. 273 – 303.
18. —. El malestar en la cultura. Obras Completas Volumen 21. Argentina: Paidós, 1929, págs. 57-140.
19. Contribuciones del derecho y el psicoanálisis sobre la memoria y el olvido en el postconflicto colombiano. García, J & Mass L. 2017, Hallazgos, Vol. 27, págs. 43-65.
20. World Health Organization. Global strategy on diet, physical activity and health. Geneva: s.n., 2004.
21. Lacan, J. Seminario 23. El Sinthome. Buenos Aires: Paidós , 1976.
22. Laplanche, J & Pontalis J. Diccionario de Psicoanálisis. Argentina: Paidós, 1967.

23. Mannoni, M. Un saber que no se sabe: La experiencia analítica. . Barcelona : Gedisa, 1998.
24. Mass, L. & García M., J. Principios del cuerpo en Psicoanálisis: De la histeria al cuerpo pulsional. Carolina del Norte: Lulu Press, 2018.
25. Soler, C. ¿Qué se espera del psicoanálisis y del psicoanalista? Conferencias y Seminarios en Argentina. Buenos Aires: Editorial Letra Viva, 2007, págs. 205-220.
26. Influence of Mouth Breathing on the Dentofacial Growth of Children: A Cephalometric Study. Basheer, B, y otros. 6, Nov-Dic de 2014, J Int Oral Health, Vol. 6, págs. 50–55.
27. Planas, P. Rehabilitación Neuro - Oclusal . s.l.: AMOLCA, 2008.
28. World Health Organization. Postnatal care of the mother and newborn. Geneva: WHO, 2013. pág. 22.
29. Succión Digital: factor etiológico de maloclusión. García, M, y otros. 2, Sept. de 1993, Odontología Pediátrica., Vol. 2.
30. Lacan, J. Seminario 20. Aún. Argentina: Paidós, 1972.
31. — Seminario 5. Las formaciones del inconsciente. Buenos Aires: Paidós, 1957 – 1958.
32. — La familia. Barcelona: Editorial Argonauta., (1938).

33. —. Nota sobre el niño. [aut. libro] J. Lacan. Otros Escritos. Buenos Aires: Manantial, (1969), págs. 393 – 394.
34. —. Seminario 17. El Reverso del Psicoanálisis. Buenos Aires: Paidós., 1970.
35. —. Seminario 4. La relación de objeto. Argentina : Paidós, 1956-1957.
36. Longitudinal study of habits leading to malocclusion development in childhood. . Saliba, S, y otros. 96, 2014, BMC Oral Health, Vol. 14.
37. Caries del biberón. Molina, A, y otros. 4, 2008, Revista Clinica Medica Familiar, Vol. 2.
38. Organización Mundial de la Salud. 10 datos sobre la lactancia materna. [En línea] Agosto de 2017. https://www.who.int/features/factfiles/breastfeeding/es/
39. Breastfeeding in the 21st Century: Epidemiology, Mechanisms and Lifelong Effect. Victora, C, y otros. 10017, 2016, The Lancet , Vol. 387, págs. 475-490.
40. Recién nacido con úlcera de Bednar. Fariñas, M, y otros. 1, 2017, Arch Argent Pediatr, Vol. 115.

www.ingramcontent.com/pod-product-compliance
Lightning Source LLC
Chambersburg PA
CBHW041616220426
**43671CB00001B/3**